# INITIALEN

**Felicitas Boos**
geboren 1992 in Andernach, studierte
Buchwissenschaft an der Johannes
Gutenberg-Universität Mainz. Mit ihrer
Arbeit *Systemtheoretische Ansätze in der
Buchwissenschaft* erlangte sie 2015 den
Bachelor of Arts.

INITIALEN 24

**Felicitas Boos**

# Systemtheoretische Ansätze in der Buchwissenschaft

Idee, Stand der Diskussion, exemplarische Anwendungsbereiche

© 2016 Mainzer Institut für Buchwissenschaft

Gesetzt aus Minion Pro und Myriad Pro
in der Lehrdruckerei des Instituts für Buchwissenschaft
von Tanja Klement und Sarah Moser

*Lektorat* Christina Schüssler und Vanessa Theobald

*Marketing/PR* Sheila Mbala-Makumaya


Print ISBN 978-3-945883-30-3
EPUB ISBN 978-3-945883-31-0
PDF ISBN978-3-945883-29-32-7

# INHALT

# 1 EINLEITUNG

*» Wieso gibt es überhaupt Buchwissenschaft. Da könnte man doch für alles eine Wissenschaft erfinden. Zum Beispiel auch Bananenwissenschaft.«*[1]

Diese Frage trifft den Ursprung der Entstehung um die systemtheoretische Debatte in der Buchwissenschaft auf den Punkt. Auch heute – in Zeiten von Bachelor- und Masterstudiengängen – wird immer wieder die Frage nach dem Inhalt und dem Forschungsgegenstand der Buchwissenschaft gestellt. Die gerade vollzogene Reakkreditierung des Bachelorstudiengangs Buchwissenschaft an der Johannes-Gutenberg Universität Mainz zum Wintersemester 2015/16, zeigt deutlich, dass die Frage nach den relevanten Inhalten des Faches hochaktuell ist. Die Buchwissenschaft, als aus verschiedenen Forschungsrichtungen entstandene und in sich vereinende universitäre Forschungsdisziplin, musste sich schon oft dem Vorwurf fehlender theoretischer Grundlagen ausgesetzt sehen.[2] Die systemtheoretische Debatte innerhalb der Buchwissenschaft entstand aus eben jenem Bestreben heraus, die Forschungsgebiete der Buchwissenschaft unter einer Theorie abzubilden. Die Systemtheorie als »Universaltheorie«[3], die in der Lage ist alle Phänomene

---


1  Rautenberg, Ursula: Buchwissenschaft in Deutschland. Einführung und kritische Auseinandersetzung. In: Buchwissenschaft in Deutschland. Theorie und Forschung (Bd. 1). Hrsg. von Ursula Rautenberg. Berlin/New York: De Gruyter Saur 2010, S. 3–64, hier S. 35.

2  Vgl. Saxer, Ulrich: Das Buch in der Medienkonkurrenz. In: Lesen und Leben. Eine Publikation des Börsenvereins des deutschen Buchhandels in Frankfurt am Main zum 150. Jahrestag der Gründung des Börsenvereins der deutschen Buchhändler am 30. April 1825 in Leipzig. Hrsg. von Herbert G. Göpfert, Ruth Meyer, Ludwig Muth und Walter Rüegg. Frankfurt am Main: Buchhändler-Vereinigung 1975, S. 207.

3  Gaiser, Anne Carolin: Das Potential und Design von Universaltheorien. Diss. phil. Ludwig-Maximilian Universität München 2002, S. 206–243, hier S. 7.

in der Gesellschaft abzubilden oder in eine übergeordnete Gesamtstruktur zu integrieren, scheint dafür besonders geeignet, auch weil sie heutzutage in vielen Disziplinen Anwendung findet und sich somit durch ihren interdisziplinären Charakter auszeichnet. Deswegen stellt sich die Frage, ob und inwieweit auch in der modernen Buchwissenschaft eine Anwendung der Systemtheorie von Nutzen sein kann und welcher Mehrwert dadurch für die buchwissenschaftliche Forschung eventuell erlangt werden kann.

In dieser Arbeit soll ein Überblick darüber verschafft werden, inwiefern die Diskussion innerhalb der Buchwissenschaft entstanden ist, welche Ansätze in der neueren Buchwissenschaft diskutiert werden und welches Potential die Systemtheorie hat, um Fragestellungen der Buchwissenschaft in einen Gesamtzusammenhang einzuordnen. Zunächst soll im Kapitel »Idee« zum einen eine Einführung in die Grundstrukturen der sozialwissenschaftlichen Systemtheorie, zum anderen die historische Entstehung der systemtheoretischen Debatte in der Buchwissenschaft erläutert werden. Im ersten Teil wird dabei besonders auf die Ansätze von Talcott Parsons und Niklas Luhmann eingegangen, da sich die meisten systemtheoretischen Ansätze in der Buchwissenschaft auf sie beziehen. In diesem Kapitel werden nur die Grundstrukturen der jeweiligen Ansätze erläutert. Die im weiteren Verlauf der Arbeit verwendeten systemtheoretischen Begriffe werden zusätzlich in einem angehängten Glossar zusammengetragen und sind *kursiv* bei ihrer Erstnennung markiert. Neben den entscheidenden Werken von Parsons (»Zur Theorie der sozialen Interaktionsmedien«[4]) und Luhmann (»Soziale Systeme«[5]), wird zusätzlich auf Willkes Einführung in die Systemtheorie »Systemtheorie. 1 Grundlagen«[6] zurückgegriffen, da diese einen allgemeinen Überblick über das systemtheoretische Vokabular liefert.

Den zweiten Teil bildet die historische Erläuterung zur Entstehung der systemtheoretischen Debatte in der Buchwissenschaft. Dabei wird zunächst der Fokus auf die ersten Ansätze systemtheoretischer Betrachtungen gelegt, die von Krzysztof Migoń in der Monographie »Das Buch als Gegenstand wis-

---

4    Parsons, Talcott: Zur Theorie der sozialen Interaktionsmedien (Studienbücher zur Sozialwissenschaft Bd 39). Hrsg. und eingeleitet von Stefan Jensen. Opladen: Westdeutscher Verlag 1980.

5    Luhmann, Niklas: Soziale Systeme. Grundriss einer allgemeinen Theorie (Suhrkamp Taschenbuch 666). 15. Aufl. Frankfurt am Main: Suhrkamp 2012.

6    Willke, Helmut: Systemtheorie. 1. Grundlagen. Eine Einführung in die Grundprobleme der Theorie sozialer Systeme (UTB 1161). 7. überarb. Aufl. Stuttgart: Lucius & Lucius 2006.

senschaftlicher Forschung«[7] ausführlich zusammengefasst werden. Darüber hinaus wird auf Migońs eigenen Ansatz eines Systems Buchwissenschaft eingegangen. Die Herleitung der Diskussion innerhalb der deutschen Buchwissenschaft erfolgt vor allem durch einführende Werke in die Buchwissenschaft von Ursula Rautenberg (»Buchwissenschaft in Deutschland«[8]) und der von Stephan Füssel und Corinna Norrick-Rühl herausgegebenen »Einführung in die Buchwissenschaft«[9].

Die Diskussion selbst wird in einem eigenständigen Kapitel »Stand der Diskussion« durch ausgewählte, systemtheoretisch-buchwissenschaftliche Werke dargestellt. Dabei werden die entscheidenden Diskussionsbeiträge in Bezug auf ihren Inhalt vorgestellt und geben dadurch den Diskussionsverlauf der letzten zwanzig Jahre wieder. Die Beiträge sind auf Grund ihrer Stellung innerhalb der Diskussion ausgewählt worden und ihre Auswahl wird zu Beginn jeweils begründet.

Abschließend zeigt im Kapitel »Exemplarische Anwendungsbereiche« ein Vergleich der systemtheoretischen Übertragung des Phänomens des Bestsellers mit der empirischen Sozialforschung, welchen Mehrwert die Anwendung der Systemtheorie für die Buchwissenschaft darstellen kann. Hier wird sich im Bereich der empirischen Sozialforschung vor allem auf Keuschniggs Monographie von 2012 »Das Phänomen Bestseller«[10] bezogen.

Als richtungsweisend in Bezug auf den Forschungsstand zur Frage nach der Systemtheorie in der Buchwissenschaft kann Thomas Keiderlings Aufsatz »Wie viel Systemtheorie braucht die Buchwissenschaft«[11] von 2007 betrachtet werden. Dabei geht er ähnlich zu dieser Arbeit vor und stellt die wichtigsten Beiträge zur systemtheoretischen Debatte dar. Keiderlings Beitrag bildet zum einen also die Grundlage dieser Arbeit, zum anderen soll diese Arbeit seinen Aufsatz in Bezug auf die Aktualität auch ergänzen. Weitere Beiträge zur Systemtheorie in der Buchwissenschaft finden sich in der

7 Migoń, Krzysztof: Das Buch als Gegenstand wissenschaftlicher Forschung. Buchwissenschaft und ihre Problematik (Buchwissenschaftliche Beiträge aus dem Deutschen Bucharchiv München 32). Wiesbaden: Harrassowitz Verlag 1990.

8 Rautenberg: Buchwissenschaft in Deutschland.

9 Füssel, Stephan/Norrick-Rühl, Corinna [Hrsg.]: Einführung in die Buchwssenschaft. Unter Mitarbeit von Dominique Pleimling und Anke Vogel. Darmstadt: Wissenshaftliche Buchgesellschaft 2014.

10 Keuschnigg, Marc: Das Bestseller-Phänomen. Die Entstehung von Nachfragekonzentration auf dem Buchmarkt (Forschung und Entwicklung der Analytischen Soziologie VS Research). Wiesbaden: Springer VS 2012.

11 Keiderling, Thomas: Wie viel Systemtheorie braucht die Buchwissenschaft? In: Buch – Markt – Theorie. Kommunikations- und medienwissenschaftliche Perspektiven. Festschrift für Erdmann Weyrauch. Hrsg. von Thomas Kreiderling. Erlangen: filos 2007, S. 252–292.

Einführungsliteratur der Buchwissenschaft u. a. mit den bereits erwähnten Werken herausgegeben von Rautenberg und Füssel/Norrick-Rühl.

Die Systemtheorie arbeitet mit einem eigenen Repertoire von Begriffen und Systemkonstruktionen. Um der Theorie und den Beiträgen, die mit ihr agieren, gerecht zu werden, bedarf es an manchen Stellen einiger Erklärungen sowie direkten Zitaten, weshalb der Umfang dieser Bachelor-Arbeit über den vorgegebenen Rahmen von 35 Seiten hinausgeht. Zwar wird mit Hilfe eines Glossars gearbeitet, allerdings müssen gerade im letzten Kapitel der Arbeit zum besseren Verständnis einige Begriffe innerhalb des Textes erklärt werden, um die Argumentationsstruktur für den nicht eng mit der Systemtheorie vertrauten Leser dennoch nachvollziehbar zu gestalten.

# 2 IDEE

## 2.1 Die Systemtheorie – eine Einführung

### 2.1.1 Der Beginn der soziologischen Systemtheorie durch Talcott Parsons

Die Systemtheorie zeichnet sich vor allem durch ihre interdisziplinäre Universalität aus. Sie entstand aus der Erkenntnis, dass verschiedenste Wissenschaften – »Chemie, Biologie, Medizin, Psychologie, Soziologie, Betriebswirtschaft«[12] – ähnliche Systemproblematiken thematisieren. Mittlerweile haben sich die Erkenntnisse in den einzelnen Wissenschaften – wie z. B. im Fall der Kybernetik in der Biologie – etabliert, sodass die soziologische Systemtheorie, welche die Gesellschaft als System betrachtet, einer umfassenden wissenschaftlichen Betrachtungsweise angehört.[13] Dabei wird davon ausgegangen, dass eine Theorie in sich immer komplexer sein muss, als die Welt, die sie beschreibt, damit die Komplexität der Welt in kontrollierte Formen umgewandelt werden kann, um diese entsprechend betrachten und bearbeiten zu können.[14]

Die sozialwissenschaftliche Perspektive der Systemtheorie entwickelte sich erst mit den frühen Werken von Talcott Parsons, der mit dem strukturell-funktionalen Ansatz erstmalig eine soziologische Systemtheorie erarbeitete.[15] Parsons geht dabei von der Grundannahme aus, dass »soziale Systeme notwendigerweise bestimmte Strukturen aufweisen«[16]. Demnach ist der Strukturbegriff bei Parsons dem Funktionsbegriff untergeordnet, wobei der Funktionsbegriff auf das Verhältnis des Teils zum Ganzen bezogen ist und

---

12  Willke: Systemtheorie. 1. Grundlagen, S. 3.
13  Vgl. ebd.
14  Vgl. ebd., S. 4.
15  Vgl. ebd., S. 5.
16  Ebd.

sich auf die Leistung der Subsysteme beschränkt. Parsons setzt systemspezifische Strukturen als gegeben voraus und zählt diese daher nicht zum Teil seines Forschungsansatzes, der sich unter der Leitfrage was ein System leisten muss, um seine Struktur zu erhalten, formiert.[17]

Für die im Folgenden vorgestellten Ansätze der Systemtheorie in der Buchwissenschaft ist der Zusammenhang zwischen sozialen Systemen und Medien von besonderer Bedeutung. Um genauer zu erklären welcher Zusammenhang zwischen diesen beiden Elementen besteht, muss auf Parsons Werk »The Social System« von 1951 zurückgegriffen werden, welches den Übergang der Handlungstheorie Parsons zur Systemtheorie markiert.[18] Hier stellt Parsons heraus, dass Handlungen als Systeme verstanden werden müssen. Ein solches Handlungssystem ist als Zusammenspiel der Systeme »Kultur, Persönlichkeit und Gesellschaft«[19] zu verstehen, wobei diese Systeme voneinander abhängen, aber nicht aufeinander beschränkt werden können.[20] Das System der Kultur stellt der Gesellschaft allgemeine Werte und Symbole zur Verfügung, wodurch diese in der Lage ist, »Normen entsprechende, reziproke Erwartungen zu strukturieren«[21]. Soziale Systeme wiederum setzen sich nicht aus einzelnen Personen zusammen, sondern aus Interaktion und Kommunikation. Interaktionen und Kommunikationen sind in Netzwerke von Rollen und Status integriert und strukturiert, die als *Institutionen* bezeichnet werden und Einheiten sozialer Systeme bilden. Diese Institutionen haben als Mittelpunkte sozialer Systeme die Aufgabe kulturelle Werte mit den Ausrichtungen und Anforderungen von Persönlichkeitssystemen abzustimmen.[22]

Während »The Social System« in die zweite Phase von Parsons Gesamtwerk eingeordnet wird, liegt der analytische Schwerpunkt in der dritten Phase von Parsons Werk auf gesellschaftlichen Abläufen und formuliert die »Sozialsysteme als Modelle von Selektionen [...], mit denen die Handelnden ihre Interaktionen bestimmen«[23]. Dabei handelt jedes soziale System mit *Interaktionsmedien*, die Selektionen zwischen Systemen vor Täuschung schützen und bestimmte Absichten einer Handlung deutlich machen.[24] Durch

---

17   Vgl. ebd.
18   Vgl. Fuchs, Stephan: Handlung ist System. In: Schlüsselwerke der Systemtheorie. Hrsg. von Dirk Baeker. Wiesbaden: VS Verlag für Sozialwissenschaften 2005, hier S. 51.
19   Ebd., S. 52.
20   Vgl. ebd.
21   Ebd.
22   Vgl. ebd., S. 53.
23   Parsons: Zur Theorie der sozialen Interaktionsmedien, S. 9.
24   Vgl. ebd., S. 11.

diese Medien entstehen normative Regelsysteme, die dadurch Selektionen begünstigen. Dies lässt sich an dem *Alter-Ego Prinzip* verdeutlichen, indem die Selektionen das Medium als Motiv für den Transfer von Selektionen zwischen Alter und Ego verwenden, sowie für Ego eine zusätzliche Motivation darstellen.[25] Als Beispiel dafür nennt Parsons unter anderem das Medium Geld für das soziale System der Wirtschaft, das eine Selektion zwischen Alter und Ego vereinfacht, weil es für beide Teilnehmer einen Austausch impliziert und gleichzeitig von Alter als Motivation für Ego eingesetzt werden kann.[26]

Jedes soziale System verfügt über sein eigenes Medium, wie zum Beispiel das soziale System der Wirtschaft über das Medium Geld[27] oder das soziale System Politik über das Medium Macht[28]. Entscheidend ist, dass Parsons von »subsystemspezifisch herausgebildete[n], gleichwohl aber frei ‚zirkulierende[n] und ineinander konvertierbare[n] Medien'«[29] ausgeht, die durch *Interpenetration* Subsysteme innerhalb eines übergeordneten Gesamtsystems miteinander verschränken.[30]

### 2.1.2 Die Weiterentwicklung unter Niklas Luhmann

Niklas Luhmann kehrt Parsons Ansatz um und leitet als Vertreter des strukturell-funktionalen Ansatzes die moderne Systemtheorie ein. In seinem Werk »Soziale Systeme« vollzieht Luhmann einen Paradigmenwechsel in der Systemtheorie und ordnet alle bedeutenden Themen und Begriffe in einen neuen, relevanten Zusammenhang ein.[31] Luhmann legt die *Leitdifferenz* zwischen *System* und *Umwelt* als entscheidendes Kriterium fest und definiert den Begriff des Systems als »Merkmale [...], [...] deren Entfallen den Charakter

25  Vgl. ebd., S. 14.
26  Vgl. ebd., S. 17.
27  Vgl. ebd., S. 230.
28  Vgl. ebd., S. 87.
29  Jäger, Georg: Keine Kulturtheorie ohne Geldtheorie. Grundlegung einer Theorie des Buchverlags. In: Buchkulturen. Beiträge zur Geschichte der Literaturvermittlung. Festschrift für Reinhard Wittmann. Hrsg. von Monika Estermann, Ernst Fischer und Ute Schneider. Wiesbaden: Harrassowitz Verlag 2005, S. 59–78, hier S. 64. Zitiert nach: Meyer, Friederike/Ort, Claus-Michael: Konzept eines struktur-funktionalen Theoriemodells für eine Sozialgeschichte der Literatur. In: Zur theoretischen Grundlegung einer Sozialgeschichte der Literatur. Ein struktural-funktionaler Entwurf. Hrsg. von Renate von Heydebrand/Dieter Pfau/Jörg Schönert. (Studien und Texte zur Sozialgeschichte der Literatur 21). Tübingen: Niemeyer 1988, S. 85–172, hier S. 108.
30  Vgl. Parsons: Zur Theorie der sozialen Interaktionsmedien, S. 87. Bei Jäger wird der Zusammenhang zwischen Medien und sozialen Systemen genauer ausgeführt und auch von Jäger für seine Zwecke etwas verändert. Entsprechend wird an dieser Stelle auf eine tiefergehende Erklärung von Parsons Modell der Interpenetration von Subsystemen verzichtet, da diese im Kapitel 3.1.1 erfolgt.
31  Vgl. Willke, Helmut: Komplexität als Formprinzip. In: Schlüsselwerke der Systemtheorie. Hrsg. von Dirk Baeker. Wiesbaden: VS Verlag für Sozialwissenschaften 2005, S. 303–323, hier S. 304.

eines Gegenstandes als System in Frage stellen würde[n]«[32]. Entsprechend verfolgt Luhmann einen funktional-strukturellen Ansatz, in welchem die Systemtheorie immer die Beziehung zwischen System und Umwelt analysieren muss.[33] Ein System lässt sich nur rekonstruieren, wenn der Bezugspunkt der Analyse außerhalb des Systems liegt, also eine »negative Abgrenzung«[34] darstellt, die ein System dadurch definiert, was es nicht ist.

Luhmann prägt weiterhin den Begriff der *selbstreferentiellen Systeme*. Diese beziehen sich auf sich selbst, definieren die Beziehung zu sich selbst und grenzen diese wiederum von der sie umgebenden Umwelt ab.[35] Selbstreferenz entsteht aber aus der Leitdifferenz zwischen System und Umwelt, da die Differenzierung eines Systems zu seiner Umwelt als selbstreferentielle Operation verstanden werden muss.[36] Das oberste *soziale System*, das als Umwelt für alle Systeme besteht, bildet die Welt*gesellschaft*.[37]

Systeme bilden für die in ihnen enthaltenen Systeme wiederum die sie umgebende Umwelt, wodurch es möglich wird, eine Hierarchie innerhalb eines Systems zu konstruieren.[38] Diese lässt sich bis ins Unendliche fortführen. Neben der Leitdifferenz zwischen System und Umwelt existiert nach Luhmann eine zweite bedeutende Differenz zwischen dem *Element* und der *Relation*, die Luhmann unter dem Begriff der »Systemkomplexität«[39] zusammenfasst. Als *Komplexität* bezeichnet er den Grad der Vielschichtigkeit, Vernetzung und Folgelastigkeit eines Entscheidungsfeldes innerhalb eines Systems durch die im System enthaltenen Elemente.[40] Elemente bezeichnen die kleinsten, nicht auflösbaren Teile, aus denen ein System besteht. Diese nicht auflösbaren Teile werden durch das System selbst bestimmt und sind entsprechend auch nur für das System, in dem sie bestehen, gültig.[41] Das fasst Luhmann unter dem bei dem Biologen Maturana entlehnten Begriff der *Autopoiesis* zusammen: Komplexe Systeme reproduzieren sich demzufolge selbst durch die Elemente, aus denen sie bestehen, mit den Elementen, aus denen sie bestehen.[42] Entsprechend versteht Luhmann unter einem autopoietischen System eine

---

32    Luhmann: Soziale Systeme, S. 15.
33    Vgl. Willke: Systemtheorie. 1. Grundlagen, S. 6.
34    Luhmann: Soziale Systeme, S. 17.
35    Vgl. ebd., S. 31.
36    Vgl. ebd., S. 35.
37    Vgl. ebd., S. 15.
38    Vgl. ebd., S. 39.
39    Ebd., S. 41.
40    Willke: Systemtheorie. 1. Grundlagen, S. 23.
41    Vgl. ebd., S. 43.
42    Vgl. ebd., S. 62.

Einheit, deren struktureller Kern in seiner inneren Struktur geschlossen ist.[43] Allerdings gehört zum Konzept der Autopoiesis immer auch die Selbstbeobachtung des Systems, denn dadurch unterscheiden sich geschlossene organische oder neurophysiologische Systeme von Sinnsystemen.[44] *Sinnsysteme* können nach Luhmann jederzeit die Differenz von System und Umwelt als sinnhafte Struktur selbstreferentieller Systeme wahrnehmen, darauf zurückgreifen und auf Basis dessen operieren. Sinn dient als Steuerungsmechanismus für hochkomplexe Systeme.[45]

Luhmann nimmt für Systeme auch eine *Kontingenz* an. Kontingenz bezieht sich im Gegensatz zu Komplexität, die von einer System-Umwelt Relation ausgeht, auf das System in bestimmten Situationen, in welchen das System Handlungsalternativen durch Umweltbedingungen bewertet. Die Kontingenz eines Systems bildet dadurch eine Ungewissheit und mangelnde Erwartungssicherheit für andere Systeme.[46]

Soziale Systeme bestehen nach Luhmann aus dem Prozessieren von *Kommunikation*.[47] Diese Kommunikation wird durch Sinn prozessiert und ist für die Kontinuität von sozialen Systemen unerlässlich.[48] Entsprechend definiert Luhmann die Gesellschaft als geschlossenes System:

> *Als Kommunikation ist die Gesellschaft ein geschlossenes System, das*
> *sich nur selbst reproduzieren, nämlich durch Kommunikation weitere*
> *Kommunikation auslösen kann. Die Gesellschaft besteht, anders gesagt,*
> *aus Elementen, die sie selbst produziert, die sie selbst als emergente*
> *Sinneinheiten auf dem Unterbau hochkomplexer Umweltgegebenheiten*
> *zur Einheit synthetisiert.*[49]

Kommunikation besteht aus drei Selektionen: *Information*, *Mitteilung* und *Verstehen*. Sie kann nur entstehen, wenn alle drei Selektionen zur Synthese gebracht werden. Das schließt ein, dass an einer Kommunikation immer mehrere psychische Systeme beteiligt sein müssen, da keine Kommunikation ohne das Verstehen oder Nicht-Verstehen zustande kommen kann.[50] *Sprache* verändert die dreiteilige Kommunikation dabei nicht, sondern ermöglicht eine Ausdifferenzierung von Kommunikationsprozessen aus einem

---

43  Vgl. ebd., S. 10.
44  Vgl. Luhmann: Soziale Systeme, S. 64.
45  Vgl. Willke: Systemtheorie. 1. Grundlagen, S. 41.
46  Vgl. ebd., S. 31.
47  Vgl. Luhmann: Soziale Systeme, S. 194.
48  Vgl. ebd., S. 65.
49  Gaiser: Das Potential und Design von Universaltheorien, S. 197.
50  Vgl. Luhmann: Soziale Systeme, S. 196.

Wahrnehmungskontext heraus.[51] Die Selektion des Verstehens schließt eine Kommunikation ab, definiert sie gleichzeitig aber auch als »selbstreferentiellen Prozess«[52]. Denn wenn an eine erfolgte Kommunikation eine weitere angeschlossen wird, zeigt sich ob die erste Kommunikation verstanden wurde, indem die Anschlusskommunikation auf die vorangegangene Kommunikation Bezug nimmt.

Wie bereits erwähnt bezeichnet Luhmann die zwischen Systemen entstehende Unsicherheit als Kontingenz. Im Fall der Kommunikation wird eine *doppelte Kontingenz* angenommen, da an einer Kommunikation immer zwei Systeme partizipieren. Die doppelte Kontingenz wird durch das Prinzip der Beobachtung überwunden. Denn um eine Erwartung an das Gegenüber zu konstruieren, ist es zunächst nötig sich selbst und gleichzeitig das Gegenüber zu beobachten.[53] Dadurch konstruieren die Systeme jeweils Sinn und sind in der Lage den jeweils anderen einzuschätzen und dadurch Erwartungen an die Kommunikation des anderen zu erschaffen. Demnach kann Kommunikation auch nur zu Stande kommen, wenn ihr eine *Beobachtung* der Beobachtung – eine *Beobachtung zweiter Ordnung* – vorausgeht.[54]

Da nach Luhmann jeder soziale Kontakt als System abgebildet werden kann, erhebt er für die Systemtheorie einen Universalitätsanspruch, da es dadurch möglich wird, die Gesellschaft in ihrer Gesamtheit abzubilden und vollständig zu erfassen.[55] In seinem weiteren Werk differenziert Luhmann einige Systeme besonders aus. Darunter die Systeme der Massenmedien, Kunst und Wissenschaft.

## 2.2 Der Ursprung der systemtheoretischen Debatte in der Buchwissenschaft

### 2.2.1 Erste Ansätze in Osteuropa

Wie in der Einleitung schon deutlich wurde, ist die Buchwissenschaft schon seit längerem dem Vorwurf der Untertheoretisierung ausgesetzt. Es zeigt sich aber auch, dass ein theoretischer Zugang schon in den Anfängen der Buchwissenschaft im 18. Jh. eine große Rolle spielte.[56] Ziel einer theoretischen Fundierung war es dabei, die gesamte Buchwissenschaft unter einer

---

51   Vgl. ebd., S. 210.
52   Ebd., S. 198.
53   Vgl. ebd., S. 155.
54   Vgl. Gaiser: Das Potential und Design von Universaltheorien, S. 21.
55   Vgl. Luhmann: Soziale Systeme, S. 33.
56   Vgl. Keiderling: Wie viel Systemtheorie braucht die Buchwissenschaft, S. 254. Siehe dazu auch ebd., S. 256f.

Theorie zu vereinen, die alle relevanten Forschungsgebiete erfassen sollte.[57] Der Schwerpunkt der Erarbeitung einer solchen Theorie lag dabei vor allem in Osteuropa.[58]

Als »Pionier der Buchwissenschaft in Russland«[59] erarbeitete Nikolai Lisowskij Anfang des 20. Jh. erstmalig ein System der Buchwissenschaft, um in der Forschung der Buchentwicklung vor allem historische, statistisch-bibliographische und gesellschaftliche Schwerpunkte zu setzen.[60] Dazu teilte Lisowskij die Buchkunde in drei Teilbereiche – »Buchproduktion, Buchverbreitung, Buchbeschreibung«[61] – ein. Die Bereiche der Bibliothekswissenschaft und die Bibliographie wurden auch zu den Forschungsgebieten der Buchwissenschaft gezählt, aber nicht als Teilbereich von Lisowskij aufgeführt. Auch merkte Lisowskij an, dass eine weitere Spezialisierung der Teilbereiche zu einer Zersplitterung der Buchwissenschaft führen könne und daher nicht im Sinne des Gesamtsystems sei. Obwohl dieser Ansatz sehr kritisch diskutiert wurde, bildete er den Grundstein für die theoretischen Überlegungen zur Buchwissenschaft im russischen, ukrainischen, polnischen und tschechischen Raum.[62]

An diesen Ansatz der Kritik knüpfte Aleksander Lowjagin in den 1910er-Jahren an und definierte die Buchwissenschaft als »eine Wissenschaft vom Buch als ein Mittel zwischenmenschlicher Kommunikation«[63] und setzte damit einen soziologischen Schwerpunkt in der Buchwissenschaft. Er teilte die Buchwissenschaft in drei Teilbereiche ein, die das gesamte Forschungsgebiet abdecken sollten. Die »Genetik«[64] umfasste dabei den historischen Teil und sollte den Ursprung und die Entwicklung des Buches thematisieren. Den Forschungsinhalt der »Statik«[65] bildeten die verschiedenen Buchtypen sowie deren Ausbreitung und die »Dynamik«[66] umfasste den

---

57   Vgl. ebd., S. 253.

58   Vgl. Migoń: Das Buch als Gegenstand wissenschaftlicher Forschung, S. 42.

59   Ebd.

60   Vgl. ebd.

61   Ebd.

62   Vgl. ebd., S. 42f. Zitiert nach Lisowskij, Nikolai M.: Ksiegoznawsto – przedmiot i zadania. (Buchkunde, Gegenstand und Aufgaben). In: Studia o Ksiazce 4 (1974), S. 199f.

63   Migoń: Das Buch als Gegenstand wissenschaftlicher Forschung, S. 43. Zitiert nach: Lowjagin, Aleksander M.: Osnowy knigowedenija. Leningrad 1926.

64   Ebd.

65   Ebd.

66   Ebd.

gesellschaftlichen Aspekt im Sinne der Rezeption, des Sammelns oder auch der schöpferischen Leistung des Autors.[67]

Michail Kufajew unterschied in den 1920er Jahren die Buchkunde – als allgemeine Disziplin vom Buch mit einer beschreibenden Funktion – von der Bibliologie, die den methodischen und theoretischen Teilbereich der Disziplin beinhalten sollte.[68] Er schloss dazu der Bibliologie die »nomothetische Bibliosoziologie«[69] an und schaffte damit erstmals einen Anschluss an die Methoden und Theorien der Sozialwissenschaft innerhalb der Buchwissenschaft. Ziel Kufajews war es für das Phänomen Buch Gesetzmäßigkeiten aufzudecken und kann dadurch als »Begründer der systematischen Vorgehensweise«[70] bezeichnet werden, indem er formulierte:

*Buchkunde ist nicht einfach [...] ein Konglomerat von Informationen*
*über das Buch, sondern ihr System, das durch Gemeinsamkeit*
*des Gegenstandes zusammengehalten wird [...] Unter dem Begriff*
*Buchkunde verstehen wir ein System von Erkenntnissen über das*
*Buch.*[71]

M. I. Schtschelkunow leistete auf Grundlage von Kufajew in den 1930er-Jahren durch seine Einteilung der Buchwissenschaft in vier Lebensphasen des Buches eine erste Anlehnung an die spätere Systemtheorie. Die Grundlage für Schtschelkunows Überlegungen bildeten dabei die Forschungsbereiche der Buchwissenschaft, die im Sinne der modernen Systemtheorie als autarke, selbstreferentielle Systeme bezeichnet werden können.[72] Die vier Lebensphasen gliedern sich in »1. Produktion, 2. Registrierung und Klassifikation, 3. Vertrieb, 4. Konsumtion«[73]. Wie an der zweiten Lebensphase allerdings schon zu erkennen ist, orientierte sich Schtschelkunow nicht an einer sozialwissenschaftlichen Perspektive der Buchwissenschaft wie Kufajew, sondern hatte die Buchwissenschaft als Teil der Bibliothekswissenschaft und Bibliographie im Blick und wollte mit der Einteilung der Lebensphasen vor allem eine zielgerichtete Klassifikation von Buchbeständen erreichen.[74]

---

67  Vgl. ebd., S. 43f.

68  Vgl. ebd., S. 44.

69  Ebd.

70  Ebd.

71  Ebd., S. 45. Zitiert nach: Kujafew, Michail N.: Problemy filosofi knigi (Opyt wwedenija w istoriju knigi). In: Isobrannoje. Trudy po knigowedeniju i bibliografowendiju. Moskau: 1981, S. 28.

72  Vgl. Keiderling: Wie viel Systemtheorie braucht die Buchwissenschaft?, S. 259.

73  Migoń: Das Buch als Gegenstand wissenschaftlicher Forschung, S. 45. Zitiert nach: Schtschelkunow, M.: Klassifikazija bibliologii. In: Istoria, technika, iskusstwo knigopetschatanija. Moskau: 1926, S. 461–469.

74  Vgl. Keiderling: Wie viel Systemtheorie braucht die Buchwissenschaft?, S. 259.

Diese Ansätze im osteuropäischen Raum zeigen deutlich, dass die Diskussion um eine Einordnung der Buchwissenschaft in Verbindung mit der Erarbeitung eines theoretischen Zugangs, eng mit der Geschichte der Buchwissenschaft verknüpft ist. Auch in Deutschland wurde nach dem Zweiten Weltkrieg diese Diskussion für die deutsche Buchwissenschaft geführt.

### 2.2.2 Die Übertragung auf die deutsche Buchwissenschaft

Die deutsche Buchwissenschaft entwickelte sich im 18. Jh. aus der Litterärgeschichte, die sich als historisch-systematische Bücherkunde verstand.[75] Dieser Ursprung wurde im Laufe der Zeit immer weiter durch andere Forschungsgebiete wie die Bibliothekswissenschaft, Bibliophilie, die Erforschung des Buchdrucks, Verlags- und Buchhandelsgeschichte erweitert und erlangte 1947 durch eigene Professuren an deutschen Hochschulen einen eigenen universitären Status.[76] Die heutige Buchwissenschaft erstreckt sich mittlerweile in ihren Forschungsfragen über ein sehr viel größeres Feld, was u. a. die Leser- und Leseforschung, Medienkonvergenz oder Typographie mit einschließt. Dadurch wird in der Buchwissenschaft nicht nur mit einer historisch-hermeneutischen Herangehensweise gearbeitet, sondern auch mit der empirischen Sozialforschung, paratextueller Forschung oder auch sozialwissenschaftlichen Ansätzen wie Bourdieus Feld- und Kapitaltheorien, dem Ansatz des kulturellen Gedächtnisses von Assmann und Assmann oder der Systemtheorie.[77]

Seit der Entstehung der Buchwissenschaft werden regelmäßig systematische Zugänge zum Fachbereich gesucht, um der Buchwissenschaft einen theoretischen Rahmen zu geben. Angefangen bei Michael Denis, der sich bereits 1795 zu Feldern der Buchwissenschaft äußerte[78], bis zu Saxers aktuellstem Ansatz, welcher die Buchwissenschaft als Wissenschaftssystems einordnet[79], erstreckt sich eine weitreichende Diskussion um eine theoretische Erfassung der Buchwissenschaft. Durch Migońs historische Einordnung und aktualisierte Betrachtung der Buchwissenschaft, wurde erstmalig ein

---

75  Vgl. Rautenberg: Buchwissenschaft in Deutschland, S. 18.

76  Vgl. Füssel, Stephan: Hinführung. Buchwissenschaft zwischen Historischer Kulturwissenschaft und Medienwissenschaft. In: Einführung in die Buchwissenschaft. Hrsg. von Stephan Füssel und Corinna Norrick-Rühl. Darmstadt: Wissenschaftliche Buchgesellschaft 2014, S. 7–12, hier S. 9.

77  Vgl. Norrick-Rühl, Corinna: Traditionelle Arbeitsfelder der Buchwissenschaft. In: Einführung in die Buchwissenschaft. Hrsg. von Stephan Füssel und Corinna Norrick-Rühl. Darmstadt: Wissenschaftliche Buchgesellschaft 2014, S. 46–78, hier S. 62.

78  Vgl. Keiderling: Wie viel Systemtheorie braucht die Buchwissenschaft?, S. 256.

79  S. dazu Kapitel 3.2.2.

ausführlicher Überblick über die Selbstbeschreibung der Buchwissenschaft vorgelegt.[80] Dabei arbeitet er ansatzweise systemtheoretisch und formuliert durch seine eigene Einordnung des Systems Buchwissenschaft einen ersten Versuch, die Buchwissenschaft und ihre Fragestellungen als Ganzes abzubilden. Die Hauptkomponenten des Buchsystems fasst Migoń wie folgt zusammen.

> *Das Objekt der Buchkunde ist das Buch samt seiner bibliologischen*
> *Prozesse, das heißt die Produktion, der Umlauf und Abnahme des*
> *Buches sowie die Folgen dieser Prozesse und die an ihnen beteiligten*
> *Menschen und Institutionen.*[81]

Dabei entspricht die innere Struktur des Produktionswegs des Buches von der Herstellung – den geistigen Prozess eingeschlossen – bis zum Konsumenten. Migoń gelingt dadurch eine erstmalige Erfassung der Buchwissenschaft, wobei er sein Modell aber weniger als allgemeingültig, als vielmehr ideelles Programm der Herangehensweise an die gesamte Disziplin der Buchwissenschaft betrachtet.[82]

1994 schließt sich Georg Jäger an die Überlegungen Migońs an und schafft den Anschluss an die moderne Systemtheorie nach Luhmann und Parsons. Jäger – als Literaturwissenschaftler mit systemtheoretischen Schwerpunkt – richtete im Wintersemester 1987/88 den Studiengang Buchwissenschaft an der Ludwig-Maximilians-Universität München ein[83] und gilt durch seine Arbeiten als Vorreiter in Bezug auf die Anwendung der Systemtheorie im Bereich der Buchwissenschaft.[84]

Im Folgenden soll durch einen Überblick die aktuelle Diskussion innerhalb der Buchwissenschaft abgebildet werden, die durch die Darstellung der entscheidenden und aktuellen Anwendungen der Systemtheorie innerhalb der Buchwissenschaft zeigt, inwieweit eine systemtheoretische Betrachtung einzelner buchwissenschaftlicher Arbeitsfelder in der Lage ist, einen Mehrwert und Ansatz für angegliederte Forschungsfragen zu bieten und danach das Potential der Systemtheorie als übergeordnetes Theoriegebilde für die Buchwissenschaft auszuloten.

---

80　Vgl. Migoń: Das Buch als Gegenstand wissenschaftlicher Forschung, S. 124.
81　Ebd., S. 75.
82　Vgl. ebd.
83　Vgl. Füssel, Stephan: Wissenschaftsgeschichte des Faches Buchwissenschaft. In: Einführung in die Buchwissenschaft. Hrsg. von Stephan Füssel und Corinna Norrick-Rühl. Darmstadt: Wissenschaftliche Buchgesellschaft 2014, S. 13–38, hier S. 36.
84　Vgl. Norrick-Rühl: Traditionelle Arbeitsfelder der Buchwissenschaft, S. 62.

# 3 STAND DER DISKUSSION

## 3.1 Grundlegende Ansätze

### 3.1.1 Der Verlag im Spannungsfeld zwischen Kultur und Wirtschaft

Georg Jäger prägte als erster den systemtheoretischen Ansatz in der neueren Buchwissenschaft. Neben seiner systemtheoretischen Betrachtung des wissenschaftlichen Buchhandels als »Wechselbörse der Mediencodes Geld und Wahrheit, sowie der Nebencodes Ansehen, Einfluss und Macht«[85], veröffentlichte er erstmalig seinen Aufsatz »Keine Kulturtheorie ohne Geldtheorie« 1994 in der Publikation »Empirische Literatur- und Medienforschung«. 2005 veröffentlichte er eine abgeänderte Version des Textes in dem Buch »Buchkulturen. Beiträge zur Geschichte der Literaturvermittlung«. Durch seine Erstpublikation ermöglichte Jäger den Anschluss der modernen Systemtheorie an die theoretischen Überlegungen der russischen und polnischen Ansätze zur Systemtheorie in der Buchwissenschaft.[86]

Jägers Ansatz bezieht sich auf den Verlag im Spannungsfeld zwischen Kultur und Wirtschaft. Dabei gehen seine Überlegungen von der Grundannahme aus, dass »Kultur [...] vom Geld regiert [wird]«[87]. In Anlehnung an Parsons definiert Jäger die Kultur als »System normativer Musterbildun-

---

85 Keiderling: Wie viel Systemtheorie braucht die Buchwissenschaft?, S. 264. An dieser Stelle wird auf Jägers frühen Ansatz nicht näher eingegangen, da er innerhalb der Diskussion um die Systemtheorie in der Buchwissenschaft hinter Jägers Betrachtung des Verlags zurücktritt und in der Forschungsdiskussion kaum noch rezipiert wird.

86 Vgl. Rautenberg: Buchwissenschaft in Deutschland, S. 26.

87 Jäger, Georg: Keine Kulturtheorie ohne Geldtheorie. Grundlegung einer Theorie des Buchverlags. In: Buchkulturen. Beiträge zur Geschichte der Literaturvermittlung. Festschrift für Reinhard Wittmann. Hrsg. von Monika Estermann/Ernst Fischer und Ute Schneider. Wiesbaden: Harrassowitz Verlag 2005, S. 59.

gen«[88], welches innerhalb einer vertikalen Differenzierung über den Sozialsystemen, Personen und Organisationen verankert ist. Vertreten wird die Kultur auf der Stufe des Sozialsystems durch *kulturelle Treuhandsysteme*. Dabei bilden den Output dieser kulturellen Treuhandsysteme Problemlösungen, die vom Sozialsystem verlangt werden. Die Gesamtheit dieser Problemlösungen wird nach Parsons als *Wertverbindung* definiert, die sich wiederum in ihrer Gesamtheit als *Wertmuster* bezeichnen lassen.[89]

Ebenso wie den Medienbegriff entlehnt Jäger den Begriff der Interpenetrationszone bei Parsons. Als Interpenetrationszone wird dabei ein »generalisierter Mechanismus der Verstärkung von Systemen«[90] verstanden. Diese wird in Bezug auf psychische Systeme durch das Lernen und in Bezug auf »Sozial- und Kultursysteme durch Institutionalisierung«[91] verkörpert. Medien verfügen als direkte Objekte über Wertmuster, die mit der Kultur zusammengenommen die Sozialsysteme ausmachen. Die vier Sozialsysteme gliedern sich dabei in Wirtschaft – mit dem Wertesystem Nutzen und dem Medium Geld –, Politik – Wertesystem Effektivität und dem Medium Macht –, die Gesellschaft – Wertesystem Solidarität, Medium Einfluss/Prestige – und den kulturellen Treuhandsystemen, die für die Erhaltung und Kontrolle der Wertstrukturen sorgen und mit dem Maß der Integrität arbeiten.[92]

Zusätzlich zum Medienbegriff und der Interpenetration nach Parsons entnimmt Jäger den *Organisation*sbegriff bei Luhmann. Demnach bilden »Organisationen [...] soziale Systeme, die aus Entscheidungen bestehen und Entscheidungen wechselseitig miteinander verknüpfen«[93]. Dabei operieren sie mit einer rekursiven Verknüpfung von Entscheidungen, wodurch sie zu operational geschlossenen Systemen werden. Durch die Anwendung von Entscheidungen auf andere Entscheidungen, also einer Verknüpfung eines »Selektionstransfers eines anderen Mediums aus einem anderen Subsystem in einem Entscheidungsprozess«, ist die Organisation in der Lage die Konvertierung eines Kommunikationsmediums vorzunehmen. Konvertieren

88 Ebd., S. 60. Zitiert nach: Jensen, Stefan: Aspekte der Medien-Theorie: Welche Funktion haben die Medien in Handlungssystemen?. In: Zeitschrift für Soziologie 13/2 (1984), S. 145–164, hier S. 153.

89 Vgl. Jäger: Keine Kulturtheorie ohne Geldtheorie, S. 61f.

90 Ebd., S. 60. Zitiert nach: Jensen, Stefan: Interpenetration. Zum Verhältnis personaler und sozialer Systeme. In: Zeitschrift für Soziologie 7/2 (1978), S. 116–129, hier S. 122.

91 Ebd.

92 Vgl. ebd., S. 62.

93 Vgl. ebd., S. 66. Zitiert nach: Luhmann, Niklas: Organisation und Entscheidung. In: Soziologische Aufklärung 3. Soziales System, Gesellschaft, Organisation. Opladen: Westdeutscher Verlag 1981. S. 335–390, hier S. 339f.

versteht Jäger dabei als »Verfügung über Einflussmöglichkeiten« eines Mediums zur Übertragung auf die Einflussmöglichkeiten eines anderen Mediums. Dadurch erzeugt die Organisation eine *Doppel-* oder sogar *Mehrfachcodierung* von Medien.[94]

Der Input einer Organisation besteht aus der Selektion immer mindestens zweier Systeme. Der Output wird durch eine Medienkonfiguration gebildet. Durch die neu entstandenen Mediencodes entstehen neue Selektionsmuster, die wiederum anschlussfähig für andere Systeme werden. Dadurch können Medien von unterschiedlichen Systemen gleichzeitig genutzt werden, während die Organisation die dabei neu entstandenen Medienverbindungen steuert. Die innerhalb der Organisation anfallende Arbeit wird in Teilaufgaben gegliedert und arbeitsteilig bewältigt. Dabei entstehen zwangsläufig unterschiedliche Erwartungen an die dafür zuständigen Stellen, was zu einer »Ausdifferenzierung von Rollen« führt. Die dadurch entstehenden Wertmuster, die vom jeweiligen Medium übermittelt werden, beeinflussen die Rollen. Entsprechend stellt nach Parsons das Rollenverhalten die »Internalisierung des subsystemspezifischen Wertmusters«[95] dar.

Diese theoretische Fundierung überführt Jäger anschließend auf Buchverlage. Er zieht hierbei den Schluss, dass Buchverlage als Organisationen zu betrachten sind, die »das Medium des ‚kulturellen Treuhandsystems‘, Wertverbindungen (commitments), in das Medium des Wirtschaftssystems, Geld, konvertieren«. Das Resultat aus der Realisierung der Medienkonvertierung ist eine Doppelcodierung des Buches. Der Wert des Buches wird in Bezug auf die Kultur durch Kritik und im Falle der Wirtschaft durch den Markt bestimmt. Jäger siedelt den Buchverlag weiterhin in der Interpenetrationszone zwischen den Subsystemen Kultur und Wirtschaft an und schreibt der durch den Buchverlag verkörperten Organisation eine Stabilisierung des »wechselseitigen Transfer[s] systemspezifischer Selektionen«[96] zu.

Als entscheidend für die genaue Bestimmung der Verortung des Verlages in der Interpenetrationszone sieht Jäger das Verlagsprogramm an. Diesem kommt seiner Meinung nach die Bestimmung einer Außen- und Innenperspektive eines Verlags zu. Nach außen hin verleiht das Verlagsprogramm dem Verlag ein Gesicht und begründet das kulturpolitische Selbstverständnis des Verlags. Nach innen hin bietet es ein Relationsschema, wonach im Verlag das

---

94 Ebd., S. 67.
95 Vgl. ebd., S. 68.
96 Vgl. ebd., S. 69.

Gleichgewicht zwischen Kultur und Wirtschaft vereinbart und für Mitarbeiter des Verlags nachvollzogen werden kann.[97]

Diese Verortung des Buchverlages als Interpenetrationszone zwischen Wirtschaft und Kultur zeigt nach Jäger auf, dass die systemtheoretische Analyse einen wichtigen Beitrag für die Buchwissenschaft leisten kann. Denn dadurch wird es möglich den Verlag als Ganzes zu betrachten und somit ein, wie Jäger betont, von Biografien einzelner Verlegerpersönlichkeit unabhängiges Abbild zu zeigen.[98] Die Systemtheorie kann also den Verlag in seiner gesellschaftlichen Rolle und seinen Beitrag zur Kommunikation innerhalb der Gesellschaft darstellen.

Jägers Übertragung buchwissenschaftlicher Themenfelder in die Systemtheorie trug dazu bei, dass in den 90er-Jahren des vergangenen Jahrhunderts am Institut für Buchwissenschaft in München weitere Arbeiten mit systemtheoretischer Ausrichtung publiziert wurden. Dabei sind vor allem Gabriele Scheidt mit ihrer Arbeit zum Kolportagebuchhandel, Frank Holl mit der Arbeit »Rezensionen. Produktion und Distribution wissenschaftlicher Literatur« und Bernd R. Gruschka mit der Arbeit »Der gelenkte Buchmarkt« über den Verlag Kurt Desch zu nennen.[99]

### 3.1.2 Kulturgeschichtliche Medien- und Kommunikationsrevolutionen

Obwohl Michael Gieseckes Monographie »Der Buchdruck in der frühen Neuzeit« bereits 1991 – also vor Jägers ersten systemtheoretischen Ansätzen – erschien, wird sein Ansatz in vielen einführenden Aufsätzen in Bezug auf die Systemtheorie in der Buchwissenschaft nicht erwähnt.[100] Dies mag vor allem daran liegen, dass Gieseckes Herangehensweise im Nachgang scharf u. a. auf Grund der Verzahnung der Systemtheorie mit Begrifflichkeiten der Datenverarbeitung kritisiert wurde.[101] Die ca. 700 Seiten umfassende Monographie an dieser Stelle detailliert vorzustellen, würde zu weit führen, deswegen sollen – der Vollständigkeit halber – kurz die wichtigsten Grundthesen hinter dem Werk vorgestellt werden, woran ein kurzer Überblick über die daran angeschlossene Diskussion abgebildet wird.

97   Vgl. ebd., S. 73.
98   Vgl. ebd., S. 74.
99   Keiderling: Wie viel Systemtheorie braucht die Buchwissenschaft?, S. 267.
100  Vgl. dazu u.a. Rautenberg: Buchwissenschaft in Deutschland, S. 49; Norrick-Rühl: Traditionelle Arbeitsfelder der Buchwissenschaft, S. 62.
101  Vgl. Jäger, Georg: Die theoretische Grundlegung in Gieseckes ‚Der Buchdruck der frühen Neuzeit'. Kritische Überlegungen zum Verhältnis von Systemtheorie. Medientheorie und Technologie. In: Internationales Archiv für Sozialgeschichte der Deutschen Literatur (IASL) 18/1 (1993), S. 190.

Den Ausgangspunkt für das Werk bildet die These, dass durch die Einführung neuer Medien in den letzten 20 Jahren ein kultureller Wandel ausgelöst wird.[102] Um diese These zu untermauern, betrachtet Giesecke die seiner Meinung nach letzte bekannte Medienrevolution: die Einführung des Buchdrucks.[103] Denn die Einführung der Schrift in »oralen Kulturen«[104] bewirkte nach Giesecke keinesfalls eine umfassende kommunikative Revolution. Das Vorherrschen der oralen Verständigung wurde durch die Einführung der Schrift nicht geschmälert und stellte daher keine Veränderung der Informationsverarbeitung innerhalb dieser oralen Kulturen dar. Vielmehr stand sie nur einer kleineren Gruppe zur Verfügung, die über die Fähigkeit verfügte das Zeichensystem zu entschlüsseln.[105] Am Beispiel der Antike zeigt sich, dass vielmehr eine Kooperation oraler und »skriptographischer«[106] Medien innerhalb einer Gesellschaft entstand, worin durchaus die höchste Entwicklung der Oralität gesehen werden kann.[107] Ab dem 13. Jhd. verschob sich allerdings das Gleichgewicht zwischen Oralität und Skriptographie und der Durchbruch des Buchdruckes führte zur Mediengewichtung, wie sie in unserer heutigen Gesellschaft noch vorherrscht.[108] Giesecke fasst diese Erkenntnisse in Systemen zusammen und nimmt demnach eine Entwicklung vom »orale[n], skriptographische[n], typographische[n][...] [bis zum] elektronische[n] System«[109] an.

An diese Überlegungen angeschlossen, entwirft Giesecke ein Theoriegebäude aus einer Kombination von Systemtheorie, Medientheorie und den Begriffen der EDV, um die Situation, die durch die Einführung des Buchdruckes entstand, mit der heutigen medialen Veränderung vergleichen zu können. Dieser Theorieteil umfasst ca. 50 Seiten und fällt daher für ein solch umfassendes Werk eher knapp aus. Nach der Einführung der Theorie, belegt Giesecke durch umfassende Analysen von Quellen, wie die Medienrevolution im Sinne seiner theoretischen Konstruktion zu verstehen ist.

---

102  Vgl. Giesecke, Michael: Der Buchdruck in der frühen Neuzeit. Eine historische Fallstudie über die Durchsetzung neuer Informations- und Kommunikationstechnologien (Suhrkamp-Taschenbuch Wissenschaft 1357). Frankfurt am Main: Suhrkamp 1998, S. 179–196, hier S. 21.
103  Vgl. ebd., S. 25.
104  Vgl. ebd., S. 30.
105  Vgl. ebd., S. 24.
106  Ebd., S. 31.
107  Vgl. ebd.,
108  Vgl. ebd., S. 33.
109  Ebd., S. 58.

Gerade dieses Vorgehen sorgte für sehr viel Kritik. Sein Vorgehen führe »zu äußerst fragwürdigen linearen Modellierungen des Wirkungszusammenhangs von Schlüsseltechnologien (Buchdruck, EDV), Vergesellschaftungsformen und Mentalitäten«[110]. Andere Rezensionen gehen noch weiter und unterstellen ihm »ein Knäuel halb richtiger bis falscher Angaben zu allem, was er angeht«[111]. Auch wird herausgestellt, dass die systemtheoretische Betrachtung in Bezug auf dieses Forschungsgebiet bei der Betrachtung des Mehrwerts, hinter den Erkenntnissen der üblichen historisch-hermeneutischen Herangehensweise zurückbleibt.[112]

So gesehen, kann Giesecke als Vorläufer für die moderne systemtheoretische Herangehensweise innerhalb der Buchwissenschaft gesehen werden. Auf Grund der seiner Arbeit entgegengebrachten Kritik, zusammengenommen mit seiner Kombination von System- und Medientheorie mit Begriffen aus der Datenverarbeitung, wird allerdings deutlich, dass es sich dabei nicht unbedingt um eine reine systemtheoretische Arbeit handelt, zumal der Theorie weniger als ein Zehntel der Arbeit gewidmet wird. Dennoch ist Giesecke in diesem Zusammenhang innerhalb der Diskussion zu erwähnen, da vielleicht seine Vorgehensweise kritisiert werden kann, aber die Überlegung einer Medienrevolution in unserer heutigen Zeit durch die Einführung des Internets aktueller denn je ist und im letzten Teil der Arbeit noch einmal aufgegriffen wird.

### 3.1.3 *Der Buchkreislauf*

In seinem Aufsatz »Wie viel Systemtheorie braucht die Buchwissenschaft« von 2007 bietet Thomas Keiderling einen allgemeinen Überblick über den Nutzen, Mehrwert und die bisherigen Ansätze der Systemtheorie in der Buchwissenschaft. Darüber hinaus erarbeitet er auch weitere Diskussionsansätze, von denen der für diese Diskussion wichtigste dargestellt wird.

Zum einen entwickelt er in Anlehnung an das System Buchwissenschaft von Migoń einen Buchkreislauf, der – wie Keiderling selbst einschränkt – allerdings nicht alle Forschungsbereiche der Buchwissenschaft einzuschlie-

---

110 Jäger: Die theoretische Grundlegung in Gieseckes ‚Der Buchdruck der frühen Neuzeit', S. 189f.

111 Knoop, Ulrich: Rezensionen. Michael Giesecke: Der Buchdruck der frühen Neuzeit. Eine historische Fallstudie über die Durchsetzung neuer Informations- und Kommunikationstechnologien. Frankfurt am Main: Suhrkamp: 1991. In: Zeitschrift für deutsches Altertum und Literatur 24/4 (1995), S. 463–468, hier S. 466.

112 Vgl. Glück, Helmut: Michael Giesecke, Der Buchdruck in der frühen Neuzeit. Eine historische Fallstudie über die Durchsetzung neuer Information- und Kommunikationstechnologien. In: Arbitrium 12/2 (1994), S. 167–170, hier S. 167.

ßen vermag, sondern innerhalb des Wissenschaftssystems Buchwissenschaft zu verorten ist.[113] Zusätzlich zu Migoń bezieht Keiderling auch die vier Lebensphasen des Buches nach Schtelknow ein, die wiederum im modernen Sinn an den Produktlebenszyklus des Buches angelehnt sind.[114] Im Gegensatz zu Jäger betont Keiderling, dass es sich bei dem von ihm erarbeiteten Kreislauf um eine rein hypothetische Überlegung handelt, die ohne Realitätsbezug lediglich als Interpretationsmodell einen Diskussionsansatz liefern soll.

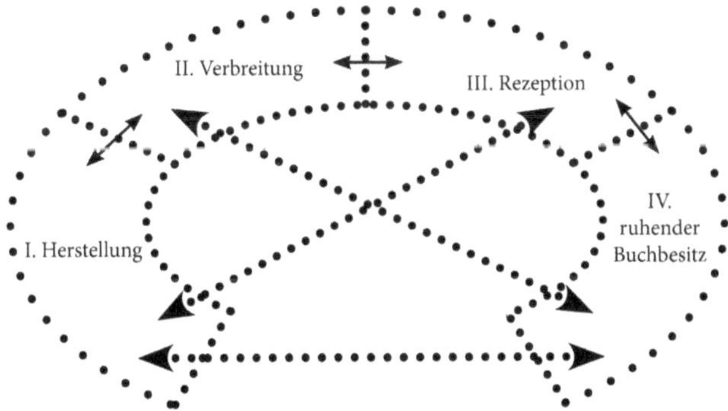


*Abbildung 1: Das Buchsystem nach Keiderling*

Das von ihm entworfene Buchsystem gliedert sich in vier Teilsysteme, die wiederum durch Interpenetration, die im Modell durch Doppelpfeile angedeutet ist, miteinander verschränkt sind. Idealerweise durchläuft ein Buch alle vier Teilsysteme, kann aber jederzeit durch unterschiedliche Einflussfaktoren einen Systemwechsel vornehmen. Das erste Teilsystem enthält alle Vorgänge der Herstellung. Dazu zählt Keiderling jeglichen geistigen, buchherstellerischen oder verlegerischen Schaffensprozess. In diesem Teilsystem erfährt das Buch die von Jäger bereits thematisierte Doppel- oder Mehrfachcodierung. Das daran angeschlossene Teilsystem Distribution schließt alle Formen der Buchverbreitung ein. Dazu gehören nach Keiderling nicht nur der Direktvertrieb der Verlage oder der Zwischen- oder Sortimentsbuchhandel, sondern auch Bibliotheken, denen als Einrichtung eine Verteilungs- und Zugangsfunktion zukommt. Anschließend durchläuft das Buch das

---

113 Das System Buchwissenschaft wurde bereits in Kapitel 2.2.2 vorgestellt.
114 Vgl. Keiderling: Wie viel Systemtheorie braucht die Buchwissenschaft?, S. 274.

Teilsystem der Rezeption. Entscheidend hierbei ist der sich wiederholende interpretatorische Vorgang, der den Prozess der Aufnahme und Verbreitung des Buches bedingt. Die Rezeption ist dabei nicht an den Materialgegenstand Buch gebunden, sondern kann auch durch andere Arten medial gestützter Kommunikation unterstützt und begleitet werden. Zuletzt gelangt das Buch in das letzte Teilsystem, das des ruhenden Buchbesitzes. So entscheidend wie bei dem System der Rezeption der interpretatorische Vorgang ist, ist im letzten Teilsystem der Besitz als zentrales Merkmal angelegt. Die Bücher werden nicht mehr rezipiert, sondern verkörpern für den Besitzer lediglich einen Repräsentationswert und sind nur noch als Hüllen anzusehen. [115]

Innerhalb jedes Teilsystems kann jederzeit – beabsichtigt oder nicht – die Zerstörung des Buches erfolgen. Im ersten Teilsystem können Qualitätskontrollen oder Makulierungen das Buch zerstören, im Teilsystem der Distribution können Transportschäden entstehen, in Bezug auf das Teilsystem der Rezeption können Gebrauchsschäden für die Vernichtung sorgen und parallel dazu können im letzten Teilsystem Lagerungsschäden verursacht werden. Neben den Vernichtungsfaktoren verfügt jedes Teilsystem auch über Hemmfaktoren, die im ersten Teilsystem zum Beispiel durch die Ablehnung des Manuskriptes und unter anderem im Teilsystem der Distribution in Form von einer verzögerten Auslieferung oder zu geringen Bewerbung des Buches erfolgen können. Entsprechend verfügt jedes Teilsystem über einen Dualismus aus hemmenden und fördernden Faktoren.[116]

Angeschlossen an dieses Buchsystem entwickelt Keiderling mögliche buchwissenschaftliche Fragestellungen, die in weiteren Untersuchungen einen forschungsrelevanten Mehrwert darstellen. Zum einen schlägt er vor, das Verhältnis des Buchsystems im Zusammenhang mit dem Zensursystem zu untersuchen, da diese Systeme seiner Meinung nach »diametral entgegengesetzt und damit verschränkt«[117] seien. Zum anderen kann das Buchsystem, so Keiderling, zur Verschränkung einiger buchwissenschaftlicher Forschungsfelder, die sich mit der rezeptiven Form des Buches beschäftigen wie der Leserforschung oder Buchrezeptionsforschung, beitragen. So könnten im Anschluss an diese Verschränkung unter anderem auch Untersuchungen zur Trendentwicklung angestellt werden.[118] Zusätzlich bietet die Anwendung des Buchzyklus auch eine Anschlussstelle für die Literaturwissenschaft,

115 Vgl. ebd., S. 276f.
116 Vgl. ebd., S. 279f.
117 Ebd., S. 280.
118 Vgl. ebd., S. 281f.

die eine gesteigerte Nachfrage bisher »allein durch Rezeptions- und Kommunikationsvorgänge«[119] erkläre und durch den Anschluss an das Buchsystem solche Fehlinterpretationen vermeiden könne.[120]

Zusammenfassend sieht Keiderling in einer systemtheoretischen Analyse in Bezug auf buchwissenschaftliche Fragestellungen einen Mehrwert, da diese die Fragestellung in einen übergeordneten Kontext einbettet und dadurch Zusammenhänge aufgedeckt werden, die dadurch anschaulich erklärt werden können. Problematisch betrachtet er allerdings die Arbeiten aus den 90er-Jahren[121], da diese seiner Meinung nach nur eine geringe Verzahnung zwischen Theorie und Forschungsgegenstand aufweisen und die systemtheoretische Betrachtung in diesen Fällen keinen wissenschaftlichen Mehrwert liefern würde.[122] Im Allgemeinen stellt Keiderling allerdings klar heraus, dass die Systemtheorie zwar durch ihre Eigenkomplexität auch in Bezug auf die von ihr angewandte Sprache kein »wissenschaftlicher Selbstläufer«[123] ist, aber bei richtiger Anwendung dennoch eine große Erklärungskraft aufweist.

## 3.2 Angeschlossene Überlegungen

### 3.2.1 Die Verlagsgeschichtsschreibung aus Sicht der Systemtheorie

Axel Kuhns Ansatz bezieht sich im Hinblick auf die Systemtheorie sehr stark auf Jägers Modell des Verlags als Organisation in der Interpenetrationszone zwischen Kultur und Wirtschaft. In seinem Aufsatz »Überlegungen zu einer systemtheoretischen Perspektive des Kulturbegriffs in der Verlagshistoriographie« schließt sich Kuhn 2012 den Überlegungen Jägers an, dass Verlage nie als gesamte Organisationen historisch erfasst werden, sondern der Fokus dabei immer auf einzelnen Verlegerpersönlichkeiten liegt. Kuhn will sich von dieser Herangehensweise lösen und mittels der Systemtheorie herausstellen, welche Auswirkungen die Publikation eines Buches durch einen Verlag auf die Gesellschaft haben kann.

---

119 Ebd., S. 282.

120 Vgl. ebd. Keiderling ordnet zusätzlich auch den deutschen Buchhandel in einen systemtheoretischen Gesamtkontext ein, um ihn für einen internationalen Vergleich aufzubereiten. An dieser Stelle wird – ähnlich zu Jäger – nicht näher auf diesen Ansatz eingegangen, da er zum einen für den weiteren Verlauf der Arbeit nicht relevant ist, zum anderen aber auch in der Forschung nicht weiter rezipiert wurde.

121 Hier sind die Arbeiten des Münchners Instituts gemeint, die in Kapitel 3.1.2 bereits erwähnt wurden.

122 Vgl. Keiderling: Wie viel Systemtheorie braucht die Buchwissenschaft?, S. 291.

123 Ebd., S. 292.

Verlage zeichnen sich, so Kuhn, durch eine duale Verbindung zur Kultur aus. Zum einen ermittelt der Verlag Trends, die in Form von Kulturereignissen durch den Verlag aufgenommen und in Medieninhalte umgewandelt werden, zum anderen erzeugt der Verlag durch Vermittlung von Information eine andauernde Weiterführung und Wandel in der Kultur.[124] Gerade an dieser Stelle wird nach Kuhn deutlich, dass in Bezug auf Kultur innerhalb der Verlage kein objektives Verständnis des Begriffs vorhanden ist, sondern der »Kulturbegriff [...] oftmals synonym zu jenem Kulturbegriff verwendet wird, den Verleger sich selbst zuschreiben«[125]. Dem entsprechend formuliert Kuhn die Leitfrage, ob der Verlag innerhalb des »Systems der Massenmedien nach Niklas Luhmann«[126] abgebildet werden kann und ob diese Darstellung einen Mehrwert für das Verständnis der Kulturfunktion von Verlagen bilden kann.[127]

Kuhn entlehnt seine verwendeten Begrifflichkeiten – Organisation, Operation, *Leitdifferenz* zwischen System und Umwelt – bei Luhmann und stellt in Anlehnung an Jäger klar heraus, dass Verlagshistoriographie »nicht als Systemgeschichte, sondern als Strukturgeschichte unter dem Einfluss spezifischer sozialer Funktionssysteme«[128] verstanden und betrieben werden muss. Die Darstellung durch die Systemtheorie trägt dabei zur Abstraktion des Verlages als Organisation mit Strukturen, die über soziale Funktionssysteme umgesetzt werden, bei und bietet die Möglichkeit Verlage unabhängig von verschiedenen Verlegerpersönlichkeiten zu betrachten.[129] Als Organisation ist der Verlag in der Lage, die Mehrfachcodierung von Medien vorzunehmen, wodurch besondere »*strukturelle Koppelungen*«[130] zwischen unterschiedlichen Funktionssystemen entstehen. Der Begriff der strukturellen Koppelung ist von Kuhn wiederum bei Luhmann entlehnt und ersetzt den Begriff der Interpenetration nach Parsons.[131]

Die daraus entstehende Konsequenz nach Kuhn fordert eine Analyse von Verlagen in zweierlei Hinsicht, da sie sowohl über eine Innen- wie Außen-

---

124 Vgl. Kuhn, Axel: Überlegungen zu einer systemtheoretischen Perspektive des Kulturbegriffs in der Verlagshistoriographie. In: Verlagsgeschichtsschreibung. Modelle und Archivfunde. Hrsg. von Corinna Norrick und Ute Schneider. Wiesbaden: Harrassowitz Verlag 2012, S. 113–135, hier S. 114.

125 Ebd., S. 115.

126 Ebd.

127 Vgl. ebd. Hier zitiert Kuhn auch Keiderlings Forderung nach einem Mehrwert bei der Anwendung der Systemtheorie in der Buchwissenschaft.

128 Ebd., S.117.

129 Vgl. ebd.

130 Ebd.

131 Vgl. ebd., S. 120.

funktion verfügen. Die Innenperspektive sieht Kuhn bereits bei Jäger abgebildet, nur dass er, wie bereits erwähnt, den Begriff der Interpenetration
durch das Prinzip der strukturellen Koppelung ersetzt. Kritisch betrachtet
Kuhn an Jägers Modell, dass Jäger die Interpenetrationszone zwischen zwei
Systemen anlegt, die sich allerdings nicht auf derselben Ebene befinden, und
dadurch nur erklärt werden kann, wie Kultur die Organisation Verlag beeinflusst, aber keinen Rückschluss auf die Außenwirkung auf andere Funktionssysteme zulässt. Zusammenfassend gibt Kuhn auch zu bedenken, dass die
Innenperspektive nach Jäger in Bezug auf die Verlagsgeschichtsschreibung
durch eine Übertragung auf die systemtheoretischen Ansätze nach Luhmann
mittel seiner Verortung des Verlages innerhalb des Systems der Kunst nicht
besser abgebildet werden könnte, wie wirtschaftliche Entscheidungen auf
kulturelle Entscheidungen und im Umkehrschluss kulturelle auf wirtschaftliche Entscheidungen projizieren. Außerdem zeigt eine Anwendung auf Fach-
verlage, dass Verlage auch strukturell an die Kommunikation von anderen
Funktionssystemen wie zum Beispiel der Politik gekoppelt sind.[132] Dadurch
wird offen gelegt, dass Verlage als »Organisationen [erscheinen], welche über
Themen universell an unterschiedliche Funktionssysteme gekoppelt werden
können«[133]. Diese allumfassende Ankoppelung an andere Funktionssysteme
ist nach Luhmann nur dem *System der Massenmedien* eigen, weswegen Kuhn
den Verlag zusätzlich als »Organisation der Massenmedien«[134] einordnet.

Durch diese Einordnung kann zum einen jedes andere System als Thema
in die Organisation des Verlages integriert werden, zum anderen eröffnet
sich dadurch die Möglichkeit nicht nur die innere Organisation, sondern
auch das Verhältnis zum Gesellschaftssystem zu bestimmen.[135]

*Der Verlag als Struktur der Massenmedien operiert [...] sozusagen*
*funktional als Operation der Entstehung einer Realität zweiter*
*Ordnung. Er beobachtet über festgelegte Themen die Umwelt, greift*
*Informationen auf, prozessiert diese innerhalb der Operation der*
*Massenmedien hinsichtlich einer Selektion von Mitteilung oder*
*Nicht-Mitteilung und erzeugt bei Mitteilungen Resonanz in der*
*Umwelt.*[136]

---

132 Vgl. ebd., S. 117–120.
133 Ebd., S. 120.
134 Ebd.
135 Vgl. ebd.
136 Ebd., S. 123.

Dieser Betrachtungsweise folgt zwangsläufig eine Verdopplung der Innen- und Außenperspektive des Verlags. Diese errichtet innerhalb des Systems der Massenmedien Strukturen, die wiederum eine Hintergrundrealität aufbauen, die als Information von anderen Funktionssystemen aufgenommen und dadurch als Wissensbasis vorausgesetzt werden können.[137]

Im Weiteren verknüpft Kuhn den Begriff des *Gedächtnisses* mit dem der Kultur. In Bezug auf das Gesellschaftssystem »besteht das Gedächtnis darin, dass man bei jeder Kommunikation bestimmte Realitätsannahmen als bekannt voraussetzen kann, ohne sie eigens in die Kommunikation einführen zu müssen«[138]. Das Gedächtnis der Massenmedien wiederum zeichnet sich durch eine doppelte Struktur aus. Es erzeugt Information aus erinnerten oder vergessenen Operationen anderer Systeme und erschafft durch das eigene Erinnern oder Vergessen der beobachteten Operationen eine »Hintergrundrealität, welche ständig rekonstruiert wird und auf [die] andere Funktionssysteme in Form einer Gedächtnisoperation zurückgreifen können«[139]. Als Kultur wird, so Kuhn, dann ab dem 18. Jahrhundert das Erinnern und Vergessen von Kommunikation verstanden.[140] Somit bildet die Kultur »eine Sonderform des sozialen Gedächtnisses, weil sie das Gedächtnis aller ausdifferenzierten sozialen Kommunikationssysteme bildet«[141]. Das System der Massenmedien übernimmt für die Kultur, im Zuge einer wachsenden Komplexität der Gesellschaft, die Beobachtung der Funktionssysteme und ist dadurch zum einen in der Lage Kultur zu erzeugen, auf der anderen Seite aber auch abhängig von dieser, da die Kultur die oberste Referenzebene des Systems der Massenmedien bildet.[142] Zurückbezogen auf den Verlag als »eine Struktur des Systems der Massenmedien«[143] bedeutet dies, dass dieser Kultur verarbeiten und gleichzeitig Kultur durch »selegierte Beobachtung von Funktionssystemen«[144] erzeugen kann.

Der hohe Veranschaulichungsgrad, der durch die Systemtheorie für diesen Forschungsbereich erreicht wird, eignet sich sehr gut, um die Verlagshis-

---

137  Vgl. ebd., S. 124.
138  Ebd., S. 129. Zitiert nach: Luhmann, Niklas: Die Realität der Massenmedien. 4. Aufl. Wiesbaden: VS Verlag für Sozialwissenschaften 2009, S. 124.
139  Ebd.
140  Vgl. ebd., S. 130
141  Ebd.
142  Vgl. ebd., S. 131.
143  Ebd., S. 132.
144  Ebd.

toriographie von der biografischen Sichtweise zu lösen.[145] Deswegen sieht
Kuhn in der systemtheoretischen Herausarbeitung einen Vorteil der Systemtheorie in der Buchwissenschaft. Kuhn stellt aber auch fest, dass die Systemtheorie nicht dazu geeignet ist, eine allumfassende buchwissenschaftliche
Vorgehensweise darzustellen. Vielmehr sollte sie in solchen Einzelfällen, wie
in der von ihm angeführten Verlagsgeschichtsschreibung, zur Anwendung
kommen und Anschlussmöglichkeiten für andere Wissenschaften bilden.[146]

### 3.2.2 Die Buchwissenschaft als Wissenschaftssystem

2010 überträgt Ulrich Saxer in seinem Aufsatz »Buchwissenschaft – Medienwissenschaft« die Buchwissenschaft in ein systemtheoretisches *System der
Wissenschaft*. Damit bietet er nicht wie Migoń eine allumfassende Einordnung der Buchwissenschaft, sondern nutzt die Abstraktion der Systemtheorie, um Anschlussstellen der Buchwissenschaft für die Medienwissenschaft
offen zu legen.

Saxer betrachtet die Buchwissenschaft als Wissenschaftssystem, welches vor einer besonderen Herausforderung steht, da es über sehr viele
Forschungsfelder verfügt, die sich in der Form von Subsystemen dem Wissenschaftssystem unterordnen und dadurch zu einer erheblichen Komple-
xitätssteigerung beitragen.[147] Saxer vertritt deshalb die These, dass eine
systemtheoretische Einordnung der gesamten Buchwissenschaft zur Analyse des Leistungsvermögens des Fachs beitragen[148] und darüber hinaus als
Konsequenz die Buchwissenschaft nur »intermedial und transdisziplinär«[149]
durchgeführt werden kann.

Saxer erarbeitet bei seiner Analyse fünf Merkmale des Wissenschaftssystems Buchwissenschaft. Als wichtigstes Merkmal führt er die Definition
des Formalobjektes an. Eine interdisziplinäre Definition des Buches würde
die Buchwissenschaft anschlussfähig für andere Wissenschaftssysteme
machen.[150] Allerdings betont Saxer, dass die Buchwissenschaft hier mit dem-
selben Problem wie andere Sozial- oder Geisteswissenschaften – dem Man-

---

145 Vgl. ebd., S. 132f.
146 Vgl. ebd., S. 132.
147 Vgl. Saxer, Ulrich: Buchwissenschaft als Medienwissenschaft. In: Buchwissenschaft in Deutschland.
     Theorie und Forschung (Bd. 1). Hrsg. von Ursula Rautenberg. Berlin/New York: De Gruyter Saur 2010.
     S. 65–104, hier S. 71.
148 Vgl. ebd., S. 66.
149 Ebd., S. 72.
150 Vgl. ebd.

gel eines allgemein anerkannten »Basiskonzeptes«[151] – zu kämpfen hat. Entsprechend schwierig gestaltet sich deshalb die inter- und transdisziplinäre Anschlussfähigkeit. Als zweites Merkmal nennt Saxer die unterschiedlichen »Trägerschaften«[152] innerhalb Deutschlands, die in ihrem Forschungsansatz teilweise stark voneinander abweichen. Als Ursache dafür macht Saxer die Doppelfunktion des Buches – als Handelsware und Kommunikationsträger – aus, da die Verbindung dieser beiden Funktionen bisher in seinen Augen nur im Ansatz durchgeführt worden sei.[153] Innerhalb der Buchwissenschaft würde vorwiegend noch das Kulturgut Buch im Vordergrund stehen und dadurch einen »produktiven Einbezug in die intermediale kommunikationswissenschaftliche Theoriebildung oder eine realistische Medienpädagogik«[154] erschweren. Anschließend daran formuliert er auch das dritte Merkmal, das er mit »Problemstellungen«[155] überschreibt. Die Buchwissenschaft kümmere sich zurzeit noch vermehrt um die Buchhistorie und arbeite entsprechend historisch-hermeneutisch. Saxer erkennt zwar eine Öffnung der Buchwissenschaft für intermediale Fragestellungen mit Rückbezug auf Theorien und Methoden der Sozialwissenschaft und Empirie, betont aber, dass das Buch im medienwissenschaftlichen Kontext immer noch unbeachtet sei.[156] Als viertes Merkmal des Wissenschaftssystems Buchwissenschaft führt Saxer »Regeln«[157] an, die er als die in der Buchwissenschaft verwendeten Regeln von anderen Wissenschaftssystemen wie der Wirtschafts-, Sozial- oder Geisteswissenschaften versteht. Hier betont er, dass diese Vielzahl von Regeln nicht nur als Nachteil der Buchwissenschaft verstanden werden kann, denn für ihn kann die Vielzahl an verwendeten Regeln auch in Form eines »spieltheoretischen Obligates«[158] genutzt werden, der die Formulierung einer eigenen Theorie erleichtern könnte.[159] Das letzte Merkmal nennt Saxer die »Paradigmen«[160]. Damit bezieht er sich auf den buchwissenschaftlichen,

151 Ebd.
152 Ebd., S. 73.
153 Vgl. ebd. Saxer verweist an dieser Stelle auf die Arbeit von Gruschka, die bereits in Kapitel 3.1.2 angesprochen wurde, ignoriert aber den Ansatz Jägers, der weitaus häufiger rezipiert wurde.
154 Ebd.
155 Ebd.
156 Vgl. ebd. Saxer führt an diese Stelle an, dass in der medien- und kommunikationswissenschaftlichen Forschung das Buch immer noch ignoriert würde. Vgl. dazu Wilke, Jürgen: Grundzüge der Medien- und Kommunikationsgeschichte (UTB Kommunikation und Medien 3166). 2. durchgs. und erg. Aufl. Köln [u.a.]: Böhlau 2008, S. V–VII.
157 Ebd., S. 74.
158 Ebd.
159 Vgl. ebd.
160 Ebd.

netzartig angelegten Wissenschaftsentwurf, der benutzt werden kann, um zu ermitteln, welche Theorien der Buchwissenschaft überhaupt fehlen.[161]

Um die Buchwissenschaft als Wissenschaftssystem zu konzipieren und alle Ressorts der buchwissenschaftlichen Forschung zu vereinen, schlägt Saxer anschließend wiederum sechs Größen vor, an denen die Subsysteme des Wissenschaftssystems Buchwissenschaft auf entsprechende Forschungsproblematiken hin näher bestimmt und mit Theorie fundiert werden können.[162]

Das Wissenschaftssystem Buchwissenschaft muss zunächst die »Systemhaftigkeit«[163] seines Gegenstandes verinnerlichen, um dadurch die Fehlerhaftigkeit, die durch die Darstellung der Buchproduktion als Zirkel entstehen kann, auszuschließen.[164] Hier übt Saxer indirekt Kritik an dem von Keiderling erarbeiteten Buchzyklus und stellt klar heraus, dass der Zirkel als solcher nicht dazu geeignet ist, Subsysteme der Buchproduktion und -rezeption fehlerfrei darzustellen. Nach Saxer wird der Kreislauf durch Missverständnisse und fehlgeleitete Kommunikation zu oft unterbrochen oder kann als Konsequenz daraus für das entsprechende Buch nicht weitergeführt werden.

Für ebenso wichtig erachtet Saxer die Diskussion rund um die »Technizität«[165] des Buches, die thematisiert, inwiefern technische Innovationen bessere Bedingungen für die Gesellschaft einleiten können.[166] Saxer schließt damit erstmalig die Diskussion rund um die Digitalisierung in der Buchbranche an einen gesamtgesellschaftlichen Kontext und dadurch in die Diskussion um die Systemtheorie ein. Daran gliedert sich die dritte Kategorie, die »Komplexität«[167] direkt an. Die Medienkomplexität entsteht als Konsequenz einer wachsenden Komplexität der Gesellschaft, weshalb eine Medien- und/oder Buchtheorie ohne das Fundament einer Gesellschaftstheorie nicht in der Lage wäre, den durch die Medienkomplexität entstehenden Medienwandel zu erklären.[168] Alle bisher von Saxer angeführten Kategorien vereinen sich in der »Organisiertheit«[169], denn Systemhaftigkeit, Technizität und Komplexität beinhalten bereits eine gewisse Organisiertheit. Durch

---

161 Vgl. ebd.
162 Vgl. ebd., S. 86.
163 Ebd., S. 88.
164 Vgl. ebd.
165 Ebd.
166 Vgl. ebd., S. 89.
167 Ebd.
168 Vgl. ebd., S. 90.
169 Ebd., S. 91.

seine Doppelfunktion des Buches wirken daran besonders viele Organisationen mit, die eine besondere Herausforderung darstellen, wenn – wie Saxer es fordert – eine gewisse »Organisationsstabilität«[170] herausgearbeitet wird, die bei ausreichender Anpassungsfähigkeit einen verständlichen Überblick liefern soll.[171] Als fünfte Kategorie führt Saxer das Hauptziel der kommunikationstheoretischen Medien- und Buchwissenschaft unter dem Begriff der Funktionalität zusammen, der in der Lage ist alles – von direkt intendierten Phänomenen bis zu »indirekten, hochkomplexen Wirkeffekten«[172] – in eine Ordnung auf höherer – auch sozialer – Ebene einzugliedern.

Dieser Funktionsbegriff könnte dazu beitragen, dass sowohl Handlungs- wie auch Systemtheorie auf den gesellschaftlichen Mikro-, Meso- und Makroebenen zusammenhängend betrachtet werden können und dadurch den Ausgangspunkt einer integrierten Buchwissenschaft unter anderem auf dem Gebiet der Leserforschung darstellen könnten.[173] Schließlich führt Saxer als letzten Punkt noch die »Institutionalisierbarkeit«[174] an. Institution versteht er dabei im sozialwissenschaftlichen Sinne als ein »relativ andauerndes Reglungsmuster«[175], das innerhalb der Ordnung der Gesellschaft übereinstimmende Erwartungs- und Verhaltensweisen etabliert.[176] Saxer betont, dass diese Definition in der Buchwissenschaft als umfassender Rahmen im Sinne der Buchgeschichte dienen könnte und diese damit interdisziplinär anschlussfähig für die Mediengeschichte und das Buch auch strukturell im Gesellschaftssystem platziert werden könnte.

Die Darstellung der Buchwissenschaft als Wissenschaftssystem zeigt, dass die Buchwissenschaft als inter- und transdisziplinäre Wissenschaft bestehen kann und dass die Angliederung an die Medienwissenschaft Vorteile für einige Forschungsbereiche bieten kann. Allerdings stellt Saxer auch fest, dass die Formulierung der Buchwissenschaft als Medienwissenschaft nicht ausschließlich sein darf. Sie bildet nur einen Teilaspekt, der sich als größeres Subsystem im Wissenschaftssystem darstellen lässt. Für dieses Subsystem des Systems, für das eine historisch-hermeneutische Herangehens-

---

170 Ebd.

171 Vgl. ebd., S.92.

172 Ebd. Zitiert nach Groeben, Norbert: Funktionen des Lesens. Normen der Gesellschaft. In: Lesesozialisation in der Mediengesellschaft. Ein Forschungsüberblick. Hrsg. von Norbert Groeben (Lesesozialisation und Medien). Weinheim [u.a.]: Juventa-Verlag 2004, S. 11–36, hier S. 23.

173 Vgl. ebd.

174 Ebd., S. 93.

175 Ebd.

176 Vgl. ebd.

weise angemessener ist, ist es nach Saxer aber entscheidend, dass sich die Buchwissenschaft den sozialwissenschaftlichen Theorien und der Empirie noch weiter öffnet.[177]

### 3.2.3 Ein allumfassendes System Buchhandel

Als aktuellster Beitrag zur systemtheoretischen Debatte innerhalb der Buchwissenschaft kann Jägers und Claus-Michael Orts Beitrag »Beobachtungsleitende Fragen bei der Rekonstruktion des Buchhandels als System bzw. des Verlags als Organisation« im Diskussionsforum IASL*online* von 2012 betrachtet werden. Beide schließen ihre Überlegungen an Jägers Aufsatz »Keine Kulturtheorie ohne Geldtheorie« direkt an. Dabei übertragen sie die bei Parsons entlehnten Termini auf Begriffe von Luhmann und führen anhand einer Rekonstruktion des Buchhandels als soziales System ein.

Jäger/Ort gehen von Luhmanns Definition des sozialen Systems aus[178] und schließen daran die Aussage von Claus-Michael Ort an.

*Eine systemtheoretische Buchwissenschaft thematisiert [...] die sozialorganisatorischen, Produktions-, Rezeptions-, Distributions- und Verbreitungsbedingungen literarischer Wirklichkeitskonstruktionen.*[179]

Da der Buchhandel an der Konstruktion von *Realitäten* beteiligt ist, und aus diesem Grund mittels Kommunikation operiert, kann dieser als soziales System verstanden werden. Denn durch die schriftliche, publizierte Kommunikation ist es möglich Kommunikation mit sich selbst zu verdoppeln.[180] Das Abspeichern und Vertreiben schriftlicher Kommunikation macht es möglich, vergangene Kommunikation – als »Kommunikat«[181] – über Raum und Zeit hinweg in einer gegenwärtigen, also zeitlich nachgelagerten Kommunikation zu verarbeiten. Daraus ergibt sich für das soziale System des Buchhandels eine speichernde, gestalterische und verbreitende Funktion in Bezug auf Texte, die wiederum durch die dreigliedrige Kommunikation die Gesellschaft ausmachen.[182]

---

177 Vgl. ebd., S. 93–97.

178 S. dazu Kapitel 2.1.2.

179 Jäger, Georg/Ort, Claus-Michael: Beobachtungsleitende Fragen bei der Rekonstruktion des Buchhandels als System bzw. des Verlags als Organisation. Ein Beitrag zur Heuristik. In: IASLonline. Probleme der Geschichtsschreibung des Buchhandels. Stand 09.09.2012. http://www.iasl.uni-muenchen.de/discuss/lisforen/Jaeger_Ort_Beobachtungsleitende%20Fragen.pdf [23.06.2015], S. 2.

180 Vgl. ebd.

181 Ebd.

182 Vgl. ebd.

Jäger und Ort gehen auch auf die Rollen innerhalb des *Handlungssystems* Buchhandel ein. Auf einer übergeordneten ersten Ebene identifizieren Jäger und Ort »Verleger, Zwischenbuchhändler, Sortimenter und [...] Antiquare«[183] als Rollen, die sich, mal stärker im Fall von Verlegern und Sortimentern, mal schwächer bei Zwischenbuchhändlern und Antiquaren ausdifferenzieren lassen. Die Rollen der ersten Ebene entstehen durch eine historisch bedingte Ausdifferenzierung, indem Arbeitsfelder durch Rollen wahrgenommen, infolge dessen ausgeführt und später durch Spezialisierung zu eigenen Rollen ausgebaut werden. Die tiefer liegenden Ebenen innerhalb einer Rolle der ersten Ebene entwickeln sich parallel dazu, was durch die strukturelle Gliederung der Berufsfelder innerhalb von Verlagen verdeutlicht werden kann. Auch hier ist aber nicht bei allen Rollen erster Ebene – zum Beispiel beim Sortiment – eine ähnlich feingliedrige Unterscheidung möglich. Außerdem kann angenommen werden, dass eine Ausdifferenzierung auf erster Ebene die Voraussetzung für eben diese auf zweiter Ebene darstellen kann.[184] Auch eine zeitliche Entwicklung einer Rolle kann dadurch erkannt werden, dass sich einzelne Rollen wiederum in »Rollenbündel«[185] ausdifferenzieren.

Die *operative Schließung* des Systems ‚Buchhandel' begründen Jäger und Ort also auf erster Ebene durch die bereits angesprochene Ausdifferenzierung der Rollen Verlag, Sortiment, Zwischenbuchhandel und Antiquariat, sowie der entstandenen Eigenständigkeit von »Versand-, Reise-, Kolportage-, Bahnhofs-, Warenhaus-, Vereins- [und] Internetbuchhandel«[186]. Auf zweiter Ebene äußert sich die Ausdifferenzierung durch Berufe innerhalb der Rolle Verlag, sowie durch die Einrichtung von Arbeitsgemeinschaften oder ähnlichen Gruppen als Organisation von Stelleninhabern oder Aus- und Weiterbildung durch u. a. die Lektüre der Branchenpresse.

Daraus ergeben sich nach Jäger und Ort besonders zu beobachtende Leitfragen. Darunter, ob eine zunehmende Komplexität der Binnenstruktur des Systems Buchhandel mit einer Komplexitätsreduktion gegenüber der es umgebenden Umwelt bedingt, was den Motor der Ausdifferenzierung innerhalb des Systems darstellt, in welchem Verhältnis die Ausdifferenzierung und

---

183 Ebd., S. 3.
184 Vgl. ebd.
185 Ebd.
186 Ebd., S. 4.

die Binnenstruktur zusammenhängen und an welchen Punkten eine Entdifferenzierung im Sinne von sozialen Interaktion stattfindet.[187]

Angeschlossen an die Betrachtung des Systems Buchhandel ist eine Analyse der Funktion dieses Systems in der Gesellschaft. Dabei wird auf Jägers Ansatz des Verlags als Organisation in der Interpenetrationszone zwischen Wirtschaft und Kultur zurückgegriffen und in die Begrifflichkeiten Luhmanns übertragen.

> *Die Verlage [...] nehmen mit Hilfe des Codes der Wirtschaft (Haben/ Nichthaben) Einfluss auf kulturelle Entscheidungen, d. h. literarische Sinnhandlungen. Ein Teil des Gewinns, den der Verlag mit dem kulturellen Input macht [...], fließt als Output des Wirtschaftssystems in Gestalt von Honoraren in das kulturelle System zurück und trägt zu dessen Finanzierung bei.*[188]

Anhand dessen ergeben sich nach Jäger und Ort einige problematische Bereiche, in denen noch einige Fragen offen bleiben. Dazu zählen sie eine mögliche tiefgreifende Veränderung der Rolle des Buchhandels, der sich bis jetzt über die Produktion und Distribution von Wirklichkeitskonstruktionen durch die Operation literarisch/nichtliterarisch definierte, wenn der Druck im Zuge der Digitalisierung liberalisiert wird. Ebenso offen bleibt die Frage, wie mit dem Verhältnis zwischen der Presse, die sich über ähnliche Operationen wie der Buchhandel definiert, und dem Buchhandel in Bezug auf Buchreihen, die von Presseverlagen veröffentlicht werden, umgegangen werden muss.[189] Auch stellt sich die Frage, ob der Börsenverein des Deutschen Buchhandels als Organisation des gesamten deutschen Buchhandels als »Ausdruck einer kulturellen und sozialen Marktwirtschaft im Buchhandel«[190] verstanden werden kann, indem dieser die Interessen des Buchhandels gegenüber anderen Systemen vertritt und mit neu entstehenden Formen des Buchhandels (z. B. Internetbuchhandel) umgeht.

Jäger und Ort weisen auch auf die Fragestellung hin, inwieweit der Buchhandel durch den Vertrieb von speziellen Wirklichkeitskonstruktionen an einer kulturellen Zerklüftung der Gesellschaft beteiligt ist.[191] Ebenso stellt sich die Frage, inwieweit sich das Buch durch die zunehmende Medienkonkurrenz von einem Speichermedium zu einem »symbolisch generalisierten

---

187 Vgl. ebd.
188 Ebd., S. 5.
189 Vgl. ebd., S. 6.
190 Ebd.
191 Vgl. ebd., S. 6f.

Kommunikationsmedium«[192] entwickelt und ob sich dadurch nicht auch Buchhandlungen zu eben diesen entwickeln, noch angereichert durch Handlungs- und Kommunikationsmotivatoren im Sinne von sozialen Interaktionsräumen. Angeknüpft daran ist auch die Frage, ob ein solcher Wandel zur Binnenstrukturierung des Systems beiträgt und welche Rolle dabei einer technischen, wirtschaftlichen und kulturellen Konkurrenz zukommt. Daraus entstehen wiederum die Fragen, welche Konsequenzen das für das systemtheoretische Modell der Beziehung zwischen Speichermedien, semiotischen Medien im Sinne der Ikonographie des Buches und sozialen Erfolgsmedien im Sinne von Luhmanns Kommunikationsmedien und daraus was Giesecke schon versuchte, ob sich der heutige mediale Wandel auf die Einführung des Buchdruckes zurückübertragen lässt und welchen Einfluss das auf andere Systeme in der Gesellschaft hat.[193] Damit seien nur einige ausgewählte Fragen genannt, die Jäger und Ort entwickeln.

Vor dem Hintergrund des Verlags als Organisation innerhalb der Interpenetrationszone zwischen Kultur und Wirtschaft, merken Jäger und Ort an, dass u. a. durch die gesetzlich festgelegte Buchpreisbindung eine »eigenspezifische normative Hintergrundstruktur«[194], sowie von einem Bewusstsein der doppelten Referenz des Buchhandels auf Kultur und Wirtschaft gesprochen werden kann. Des Weiteren stellt die Einführung der Portfolio-Methode nach Jäger und Ort einen Wendepunkt in Bezug auf den Verlag dar, da der Markt als Entscheidungsgrundlage herangezogen wird und über kulturellen Entscheidungen zu stehen scheint. Demnach entscheiden Verlage offenkundig zugunsten des Wertmusters der Wirtschaft (Haben/Nichthaben) gegenüber dem Wertmuster der Kultur (literarische Sinngebote)[195]. An diesen Punkt knüpfen Jäger und Ort wiederum weiterleitende Fragen an. Zum einen wie weit die Verknüpfung von kulturellen mit wirtschaftlichen Wertmustern reichen kann und darf, aber auch welche Unterschiede sich im Hinblick auf die unterschiedliche Anwendung von Wertmustern zum Beispiel bei Ratgeber- und Belletristikverlagen ergeben. In diesem Zusammenhang gilt es zu hinterfragen, inwieweit persönliche Einflüsse innerhalb von Verlagen hinter ökonomischen Faktoren zurücktreten müssen.

Jäger und Ort leisten durch den Anschluss an Jägers systemtheoretischen Ansatz einen wichtigen Beitrag zur aktuellen Diskussion rund um die

192 Ebd., S. 7.
193 Vgl. ebd., S. 7f.
194 Ebd., S. 9.
195 Vgl. ebd., S. 9f.

Systemtheorie in der Buchwissenschaft. Allerdings unterscheidet sich ihre Herangehensweise insofern von anderen, als dass sie weniger eine konkrete Weiterentwicklung in Verbindung mit einer speziellen Fragestellung präsentieren, als vielmehr eine Reihe von offenen Fragestellungen aufzuzeigen, die sich aus der systemtheoretischen Betrachtung ergeben. Offen bleibt dabei vor allem, wie diese Fragen beantwortet werden können. Eine systemtheoretische Betrachtung scheint in den meisten Fällen keine weiterführenden Erkenntnisse zu liefern, sondern lediglich den Transfer in ein überordnendes Theoriekonzept, das – und das wird gerade an diesem Diskussionsbeitrag deutlich – bereits bekannte Informationen in einen Kontext ohne größeren Mehrwert zu stellen vermag.

Auffällig bei allen bisher vorgestellten Anwendungen der Systemtheorie innerhalb der Buchwissenschaft ist, dass an die Demonstration eines zusätzlichen Nutzens dennoch wiederum eine Rechtfertigung der Verwendung der Theorie angeschlossen ist, die darüber resümiert, welche Vorteile die Systemtheorie für die Buchwissenschaft bieten kann. Lediglich Giesecke, der den Mehrzweck der Anwendung zwar kommentiert, aber nicht auf die Theoriediskussion innerhalb der Buchwissenschaft eingeht, musste sich später mit einer ausführlichen Kritik an seiner Herangehensweise konfrontieren lassen, die darauf schließen lässt, dass die Diskussion über die Anwendung größer zu sein scheint, als die Diskussionen zu den Anwendungen selbst.

De facto zeigt sich, wie unterschiedlich die Anwendung der Systemtheorie innerhalb der Buchwissenschaft ausfällt. Deutlich wird aber auch, dass es bisher lediglich bei einzelnen Herangehensweisen bleibt, die entweder gar nicht oder nur teilweise rezipiert und weiterentwickelt werden. So bleibt also abzuwarten, wie sich die Diskussion weiter entwickelt, denn die aufgeführten Beispiele signalisieren, dass die Anwendung der Systemtheorie durchaus einen Mehrwert für die buchwissenschaftliche Forschung leisten kann. Es stellt sich jedoch heraus, dass eine Vereinigung aller buchwissenschaftlichen Forschungsfragen unter einem Konzept der Systemtheorie, etwa in Bezug auf das System der Wissenschaften, als reines Wunschdenken anzusehen ist, da – wie unter anderem von Saxer herausgestellt – viele Forschungsgegenstände nach einer historisch-hermeneutischen Herangehensweise verlangen, die sich nicht in die Systemtheorie übertragen und dadurch in ein Gesamtsystem Buchwissenschaft eingliedern lassen.

# 4 EXEMPLARISCHE ANWENDUNGSBEREICHE

## 4.1 Potential in der Bestsellerforschung

### 4.1.1 Einführung in die Bestsellerforschung

In der Buchwissenschaft bildet die Bestsellerforschung ein anerkanntes Forschungsfeld. Trotzdem ist sie interdisziplinär angelegt, da der Bestseller die Doppelkodierung des Buches als wirtschaftlich codiertes Handlungsgut im Extrem verkörpert. Gerade deshalb wurde die Bestsellerforschung in den vergangenen Jahren von verschiedenen Forschungsansätzen in Literaturwissenschaft, Wirtschaftswissenschaft oder Sozialwissenschaft geprägt[196] und dient als interdisziplinäres Forschungsgebiet als gutes Anschauungsobjekt, um im Vergleich aufzuzeigen, welchen Mehrwert ein systemtheoretischer Ansatz in der Bestsellerforschung gegenüber der hier als exemplarisch aufgezeigten empirischen Bestsellerforschung haben kann.

Der Ursprung der Bestseller ist historisch in der Jahrhundertwende des 20. Jhd. zu verankern. Anders als im deutschsprachigen Raum, zählten Bestseller in den USA ab den 50er Jahren zu einem allgemein anerkannten Phänomen des Buchmarktes, weshalb dort auch die Bestsellerforschung viel früher vorangetrieben wurde.[197] Zwar sprach Siegfried Kracauer bereits 1927 in seinem Aufsatz »Über Erfolgsbücher und ihr Publikum« von Bestsellern als »Zeichen eines geglückten soziologischen Experiments«[198], dennoch wurde die deutsche Bestsellerforschung etwa bis Mitte der 70er Jahre des vergan-

---

196 Vgl. Haug, Christine/Kaufmann, Vincent: Vorwort. In: Bestseller und Bestsellerforschung. Hrsg. von Christine Haug und Vincent Kaufmann (Kodex 2). Wiesbaden: Harrassowitz Verlag 2012, S. VII–IX, hier S. VII.

197 Vgl. ebd.

198 Haug; Kaufmann: Vorwort, S. VII. Zitiert nach: Kracauer, Siegfried: Über Erfolgsbücher und ihr Publikum. In: Ders.: Schriften. Hrsg. von Karsten Witte (Bd. 5; Aufsätze 1927–1931). Hrsg. von Inka Mülder-Bach. Frankfurt am Main: Suhrkamp 1990, S. 336.

genen Jahrhunderts vornehmlich von der Diskussion über den qualitativen Anspruch im Sinne einer kulturpessimistischen Debatte von Buchhändlern und vor allem Literaturkritikern dominiert.[199]

In der aktuellen Forschung ist bis jetzt keine allgemeingültige Definition von Bestsellern zu finden. Die einzige Übereinstimmung scheint darin zu liegen, dass es sich bei Bestsellern um publizierte Werke handelt, die auf Grund ihres wirtschaftlichen Erfolges von einem großen Publikum rezipiert werden. In der Buchwissenschaft wird als Merkmal eines Bestsellers oft eine Verkaufszahl von 100.000 Exemplaren einer Auflage genannt.[200] Doch schon an dieser Stelle ist die Definition unpräzise, da Verkaufszahlen in der Regel keine absoluten Verkaufszahlen darstellen, sondern in Bestsellerlisten immer mit relativen Zahlen gearbeitet wird, sodass eine Platzierung nicht den außerordentlichen Erfolg eines Buches fassen kann.[201] Entsprechend muss also in eine Definition des Bestsellers der Faktor Zeit eingearbeitet werden.

In der amerikanischen Bestsellerforschung wird darüber hinaus der Faktor des Zeitgeistes als entscheidend angesehen. »The day made the book, as much as events of the day made newspaper headlines«[202] Bestseller bilden demnach auch in historischer Perspektive ein Abbild ihrer Zeit und können nur aus den damaligen Verhältnissen entstehen.[203] Schon Kracauer formulierte dieses Phänomen, indem er annahm, dass Bestseller nicht durch ihre Qualität, sondern durch die soziologisch identifizierbaren Erwartungen des Publikums entstehen.[204] Hier setzt die Annahme an, dass für Bestseller – wie am Beispiel HARRY POTTER verdeutlicht werden kann – das in ihnen enthaltene Potential der Ereignishaftigkeit als definitorische Kategorie angelegt werden kann, was auf die Sozialisationseffekte von Bestsellern abzielt.[205] Die neuere deutsche Bestsellerforschung ergänzt dazu, dass jeder Buchtyp andere Erfolgskriterien aufweist, die zur Entstehung des Bestsellers beitragen.[206] Diese Erfolgskriterien können von Verlagen für gezieltes Buchmarke-

199 Vgl. Tomkowiak: Schwerpunkte und Perspektiven der Bestsellerforschung, S. 52.
200 Vgl. Haug/Kaufmann: Vorwort, S. VII.
201 Vgl. Kaufmann, Vincent: Beitrag zu einer unmöglichen Theorie des Bestsellers. In: Bestseller und Bestsellerforschung. Hrsg. von Christine Haug und Vincent Kaufmann (Kodex 2). Wiesbaden: Harrassowitz Verlag 2012, S. 23–38, hier S. 27.
202 Sutherland, John: Bestsellers. A Very Short Introduction (Very Short Introductions 170). Oxford: Oxford University Press 2007, S. 3.
203 Vgl. ebd., S. 4.
204 Vgl. Kaufmann: Beitrag zu einer unmöglichen Theorie des Bestsellers, S. 24. Zitiert nach: Kracauer: Über Erfolgsbücher und ihr Publikum, S. 337.
205 Vgl. ebd., S. 32.
206 Vgl. ebd., S. 26.

ting instrumentalisiert werden, woran sich die Fragestellung anschließt, ob Bestseller nur durch geschicktes Marketing der Verlage produziert werden können.

### 4.1.2 Verschiedene Forschungsansätze der Bestsellerforschung

Wie bereits in der Einführung erwähnt, bietet die Bestsellerforschung Anknüpfungspunkte für viele verschiedene wissenschaftliche Disziplinen. Allgemein können diese Strömungen in »eine kulturkritische, eine produktionsorientierte, produktorientierte, eine rezeptionsorientierte, eine medienorientierte und eine übergreifend kulturwissenschaftliche Perspektive«[207] unterteilt werden.

Dies verdeutlicht die Sonderstellung des Bestsellers, die ihm durch die Verschränkung der Doppelcodierung des Buches als Wirtschafts- und Kulturgutes zukommt. Denn wo auf der einen Seite die Wirtschaftswissenschaft mit Hilfe empirischer Methoden versucht, den Bestseller als Wirtschaftsfaktor für die Kalkulation eines Verlages berechenbar zu machen, schließt sich auf der anderen Seite die Literaturwissenschaft mit Überlegungen des gesellschaftlichen Einflusses im Sinne einer zeitgenössischen Kanonbildung an.

Im Folgenden soll zunächst eine mögliche systemtheoretische Herangehensweise vorgestellt werden und aufzeigen, welche Perspektiven durch diesen Ansatz für die Buchwissenschaft entstehen können. Daran angeschlossen werden zum besseren Vergleich kurz Methodik und Ergebnisse der aktuellen empirischen Bestsellerforschung, die aufzeigen, wie weit die Empirie auch eine Berechenbarkeit der Gesellschaft ermöglichen kann. Die Gegenüberstellung zweier völlig unterschiedlicher Konzepte soll verdeutlichen, wie in Zukunft innerhalb der Buchwissenschaft darüber entschieden werden könnte, welcher Forschungsansatz in Bezug auf bestimmte Forschungsfragen einen konkreten Mehrwert liefern kann.

### 4.2 Ansätze einer systemtheoretischen Betrachtung des Bestsellers

#### 4.2.1 Das System Bestseller?

Der definitorische Ansatz zeigt bereits, dass es sich bei Bestsellern um ein schwer zu fassendes Phänomen handelt, das durch viele Faktoren bestimmt wird. An dieser Stelle soll eine exemplarische Übertragung dieses Phänomens in die Systemtheorie erfolgen, welche die Einflussfaktoren in einen Zusammenhang mit dem Überbau des Bestsellers setzt.

207 Tomkowiak: Schwerpunkte und Perspektiven der Bestsellerforschung, S. 51.

Zur Erfassung eines Systems des Bestsellers eignet sich der systemtheoretische Ansatz von *komplexen Systemen*. Komplexität bezeichnet dabei den Grad der Vielschichtigkeit, Vernetzung und Folgelastigkeit eines Entscheidungsfeldes. Dabei arbeitet ein System aufgrund einer ganzheitlichen Organisation mit dem Zwang der Erschaffung von möglichen Selektionen und einer Kombination aus den daraus möglicherweise entstehenden Ereignissen.[208] Daraus lässt sich schließen, dass eine ansteigende Komplexität ausdifferenziertere Selektionen verlangt und dass daraus eine ansteigende Unbestimmtheit der integrierenden Rekombinationen möglicher Ereignisse entsteht.[209] Komplexe Systeme kennzeichnen sich durch die gleichzeitige Verwirklichung von Einheit und Vielfalt. Zum einen sind die Teile im Ganzen differenziert, von gegenseitiger Abhängigkeit geprägt und reich an eigenen Kontingenzen, zum anderen lenkt der Zusammenhang das Ganze in bestimmte Bahnen.[210] Dabei weisen sie Merkmale *organisierter Komplexität* auf. Dazu zählen eine nicht-lineare Vernetzung, eine gewisse Trägheit des Systems in Bezug auf die Veränderung einzelner Parameter im System, aber dennoch das Aufweisen von einigen Druckpunkten – so genannten sensitiven Punkten –, eine kontra-intuitive Zeitdynamik des Systems, die operative Geschlossenheit oder Selbstreferentialität und das Aufweisen von bestimmten Regelsystemen innerhalb des Systems.[211]

Die einzelnen Teile eines komplexen Systems können in einer weiter angegliederten Forschung durch »angemessenere Konzepte und Methoden«[212] ein besseres Verständnis der einzelnen Teile liefern und dabei auch einen Mehrwert für das Verständnis des Gesamtkontextes bilden als es die übergeordnete Systemtheorie vermag. Das wird mit dem Begriff der *Intervention* bezeichnet. Intervention kann über verschiedene Methoden wie zum Beispiel den Zusammenhang von Kausalität und Funktion, Struktur und Prozess, Teil und Ganzes oder Differenzierung und Integration ausgeübt werden, hat allerdings auch ihre Grenzen.[213] Dies wird bei Willke anhand des Verhältnisses von Autorschaft und Lektüre verdeutlicht.

208 Vgl. Willke: Systemtheorie. 1. Grundlagen, S. 248.
209 Vgl. ebd.
210 Vgl. Willke, Helmut: Systemtheorie. 2. Interventionstheorie. Grundzüge einer Theorie der Interventionen in komplexe Systeme (UTB 1800). 4. bearb. Aufl. Stuttgart: Lucius & Lucius 2005, S. 68.
211 Vgl. Willke: Systemtheorie. 2. Interventionstheorie, S. 73.
212 Ebd., S. 72.
213 Vgl. ebd.

*Der Intervenierende ist zwar der Autor des Verständnisimpulses; aber es ist das System, welches den Impuls liest und verarbeitet – und zwar nach eigenen Kriterien und Operationsbedingungen.*[214]

Hier zeigt sich schon im Ansatz welchen Vorteil eine Formulierung des Bestsellers als komplexes System bietet. Innerhalb des übergeordneten Zusammenhangs der Elemente, die zusammenspielen müssen, damit ein Bestseller entsteht, lassen sich diese Teile als partizipierende Systeme innerhalb des komplexen Systems Bestseller beschreiben. Dabei ist natürlich die Zusammenfassung der ausschlaggebenden Faktoren an sich nur eine Umformulierung dessen, was bislang als bekannt vorausgesetzt werden kann. Allerdings bietet diese Einordnung den Vorteil, dass Ergebnisse, die aus anderen Forschungsbereichen entstehen, in dieses System eingespeist werden können und dadurch zum einen den Teilaspekt des Systems näher beleuchten, zum anderen aber auch zum besseren Verständnis des komplexen Systems beitragen.

Die Formulierung des komplexen Systems Bestseller gelangt relativ schnell an seine Grenzen, denn die Theorie des Bestsellers stellt eine »Theorie der Ausnahme(n)«[215] dar, da die wenigsten verkauften Büchern zu Bestsellern werden. Auch ist zu unterscheiden, dass bereits zwischen Ratgebern und belletristischen Büchern Unterschiede bestehen, die das Potential eines Bestsellers begünstigen. Hier ist zum Beispiel an die Rolle des Autors zu denken, der in Bezug auf die Belletristik einen wesentlich größeren Kaufentscheidungsfaktor als im Sachbuchbereich – wo dieses Phänomen auch, aber eher selten, vorkommt – darstellen kann. Dennoch ist auch beim Sachbuch ein Autor als Erfolgsfaktor nicht auszuschließen. Dadurch wird der Autor zu einem Teil des Systems Bestseller.

In der Definition wurde schon angedeutet, dass das soziale Erleben von Bestsellern auch einen entscheidenden Faktor darstellen kann. Dieser könnte dazu dienen jene Bestseller, die über die paratextuelle Zuweisung des Prädikats Bestseller verfügen, indem der Verlag im Klappentext oder durch einen Aufdruck darauf verweist, von jenen Bestsellern zu unterscheiden, die im Sinne eines – meist auch internationalen – Massenphänomens erlebt und rezipiert werden. An dieser Stelle könnte von ordentlichen und außerordentlichen Bestsellern gesprochen werden[216], wobei der Schwerpunkt in Bezug auf das System Bestseller auf letzterem liegen soll.

214 Ebd., S. 85.
215 Kaufmann: Beitrag zu einer unmöglichen Theorie des Bestsellers, S. 24.
216 Vgl. ebd., S. 26f.

Hier schließt sich der Einfluss des Systems der Massenmedien in Form von Rezensionen durch multimediale Literaturkritik an. Verlage, als – wie sie bei Kuhn bezeichnet werden – Organisationen im System der Massenmedien, tragen durch eine gezielte Bewerbung von Bestsellern ebenso zur Erschaffung einer Realität bei, wie Presse, Hör- und Rundfunk durch Artikel und Sendungen. An diesem Punkt kann der Verlag als Organisation innerhalb der strukturellen Koppelung zwischen Kultur und Wirtschaft durch das Interaktionsmedium Geld dazu beitragen, dass eine gewisse Realität für die Zielgruppe des Werks angesprochen wird und zum Kauf animiert. Hier ist auch die von Verlagen bei Lizenzen bereits in der Mischkalkulation berücksichtigte Medienkonvergenz im Sinne von Hörbuch- oder Filmrechten vorauszusetzen, die durch den Medienwechsel in der Lage sind, eine breitere Rezipientenschicht anzusprechen, die sich zusätzlich auf die Absatzzahlen und den damit weiter steigenden Erfolg von Bestsellern auswirken. Als Faktor, der sich ebenfalls diesem Feld anschließt, sich allerdings in der Regel der Zugänglichkeit von Verlagen entzieht, kann hier die Mund-zu-Mund Propaganda genannt werden. Dieses Phänomen lässt sich schwer einordnen, erhält aber innerhalb des Systems Bestseller einen festen Platz.

Ebenso schwer zu fassen ist, dass – wie bereits bei der Definition angedeutet – Bestseller einen gewissen Nerv der Rezipientenschicht treffen. Auch hier kann eine Verankerung im System Bestseller über den Begriff der Differenzierung herausstellen, dass zwischen dem System Bestseller und dem darin enthaltenen Teil des Zeitgeistes eine wechselseitige Beziehung herrscht. Denn so wie ein Bestseller dann entsteht, wenn er eine besondere Thematik anspricht, dehnt sich diese Thematik in wechselseitiger Beziehung wiederum mit der Eventhaftigkeit von Bestsellern zu einer Beeinflussung des Zeitgeistes aus, was durch nachahmende Publikationen – auch schon im Coverdesign – deutlich macht, dass sich andere Verlage an dem Trend beteiligen wollen. Als Beispiel könnte hier unter anderem das Phänomen der Vampir-Romance-Thematik herangezogen werden, welche als Vorlage für den internationalen Bestseller »Shades of Grey« wiederum den Zeitgeist der »Sadomaso-Softpornos«[217] traf.

Ebenso können soziale Entwicklungen in das System des Bestsellers integriert werden. Darunter wäre zum Beispiel zu nennen, dass die Entwicklung des Mediums Buch auch in Bezug auf die Medienkonkurrenz zu betrachten

---

217 Haeming, Anne: Sadomaso-Bestseller ,Shades of Grey'. Was sie über den Bestseller wissen müssen. In: Spiegel Online Kultur vom 05.07.2012. http://www.spiegel.de/kultur/literatur/shades-of-grey-was-sie-ueber-den-bestseller-wissen-muessen-a-842489.html [22.06.2015].

ist. Im Falle von belletristischen Bestsellern muss dies nicht eine Abwertung bedeuten, sondern ist in der Lage diese in Bezug auf eine historische Perspektive einzuordnen. Demnach ist der Bestseller in der heutigen Zeit aufgrund der durch die »Hegemonie der gegenwärtig von durch Film, Musik und Fernsehen geprägten audiovisuellen Kultur«[218] durch den Markt der Unterhaltungskultur bestimmt, der Bestseller unabhängig von der Preisgestaltung durch ihre reine Zuschreibung als Bestseller verkauft, da sie bei dem Rezipienten eine gewisse Erwartungshaltung erwecken. Oft ist bei diesen Bestsellern der Medienwechsel schon vorprogrammiert.[219]

Für das komplexe System Bestseller kann dadurch folgendes festgestellt werden: Es besteht aus sehr vielen Teilen, die in Beziehung zueinander stehen, sich gegenseitig bedingen und sich auch mit sich selbst beschäftigen, was dem System Bestseller seine operative Geschlossenheit verleiht. Den Input in das System bildet der Verlag als Organisation des Systems der Massenmedien durch die Entscheidung Mitteilen/Nichtmitteilen (Veröffentlichen/ Nichtveröffentlichen). Die Art der Mitteilung, also die Form der konkreten Bewerbung wiederum kann allerdings schon als Teil des komplexen Systems Bestseller betrachtet werden. Diese Seite kann durch den Ansatz Jägers – der Verlag als Organisation in der strukturellen Koppelung von Kultur und Wirtschaft – beschrieben werden. Der Output kann u. a. durch einen sozialen Subkontext gebildet werden, der und das soll im nächsten Kapitel kurz angerissen werden, die Gesellschaft nachhaltig beeinflusst und eventuell – was nur aus einer historischen Perspektive aus bestimmt werden kann – in den Gesamtkontext einer Epoche eingeordnet werden kann.

### 4.2.2 *Die Auswirkungen des Systems Internet auf das System Bestseller*

Die Systemtheorie erhebt für sich den Anspruch der Universalität. Dadurch, dass alles in soziale Systeme umgewandelt werden kann, ist sie in der Lage die gesamte Umwelt abzubilden. An dieser Stelle soll gezeigt werden, welche interdisziplinären Anschlussmöglichkeiten die Systemtheorie am Beispiel des Systems Bestseller zu leisten vermag.

2012 wurde eine Studie zum Thema politischer Phänomene im Internet von der Europa-Universität Viadrina in Frankfurt an der Oder in Zusammenarbeit mit dem Politiklabor xaidialoge durchgeführt. Untersucht wur-

---

218 Kaufmann: Beitrag zu einer unmöglichen Theorie des Bestsellers, S. 36.
219 Vgl. ebd. An dieser Stelle könnten noch weitere Teile des Systems Bestseller aufgezählt werden. Allerdings muss auf Grund der Länge dieser Arbeit darauf verzichtet werden, könnte aber in einer angeschlossenen Untersuchung genauer ausdifferenziert werden.

den dabei politische Phänomene, die durch das Internet beschleunigt oder begünstigt wurden und sogenannte »Internet-Tsunamis«[220] auslösten. Diese werden als themenspezifische Artikulation einer Masse zu politischen Themen innerhalb eines sehr kurzen Zeitraums verstanden, die, durch das Internet begünstigt, zur Bildung einer politischen Masse jenseits des Internets beitragen.[221] Anhand des Arabischen Frühlings und der Plagiats-Affäre um Karl-Theodor zu Guttenberg, der Occupy Wallstreet sowie der ACTA Bewegung soll nachgewiesen werden, dass das Internet als Konkurrenz zum System der Massenmedien neue Formen und Instrumente der Massenkommunikation herausbildet, die wiederum durch gezielte Interventionen in der Lage sind, politische Massen zu mobilisieren und dadurch Druck auf Entscheidungsträger ausüben können.[222]

Durch explorative Interviews und empirische Datenanalyse konnten eben diese Phänomene nachgewiesen werden. Allerdings werden die Ergebnisse dieser Studie zusätzlich in die Systemtheorie übertragen.

*[Es] soll schließlich das Wechselspiel von Internet und Medien*
*beleuchtet und die Thesen zur Bedeutung der Internet-Tsunamis für*
*das gesellschaftliche Funktionssystem herausgestellt werden.*[223]

Die systemtheoretischen Überlegungen zum Internet als Konkurrenzsystem zum System der Massenmedien können in Bezug auf die Begrifflichkeiten auch auf das Bestsellersystem übertragen werden und beleuchten, welche Rolle ihnen in der heutigen Entstehung eines Bestsellers zukommen. Das Internet wird nicht zum System der Massenmedien gezählt, da innerhalb des Systems der Massenmedien »keine Interaktion unter Anwesenden zwischen Sendern und Empfängern stattfinden kann«[224]. So können zwar Websites von klassischen Teilnehmern des Systems der Massenmedien noch zu selbigem gezählt werden, aber das Internet scheint zum Beispiel durch private Websites die Lücke zu füllen, die durch die Selektion des Systems der Massenmedien entsteht, indem der Code Information/Nichtinformation irrclc-

---

220  Holste, Jens/Horn, Gabriele/Lachenmayer, Jan [u.a.]: Internet-Tsunamis. Politische Massen im
    digitalen Zeitalter. Eine Studie von xaidialoge und der Europa-Universität Viadrina. (Version 1.2).
    In: Internet-Tsunamis. Politische Massen im digitalen Zeitalter. http://www.internet-tsunamis.de/
    wp-content/uploads/INTERNET-TSUNAMIS__Politische_Massen_im_digitalen_Zeitalter__v1.2.pdf
    [23.06.2015], S. 18.

221  Vgl. ebd.

222  Vgl. Holste/Horn/Lachenmayer [u.a.]: Internet-Tsunamis, S. 23.

223  Ebd., S. 198.

224  Ebd., S. 236. Zitiert nach: Luhmann, Niklas: Die Realität der Massenmedien. 3. Aufl. Wiesbaden: VS
    Verlag für Sozialwissenschaft 2004, S. 11.

vant wird, da das Internet als Plattform diese Selektion den teilnehmenden Systemen überlässt.[225]

Allein diese Perspektive verdeutlicht, dass das Internet in Bezug auf gesellschaftliche Phänomene eine neue Sonderstellung einnimmt, die eine Umwälzung des uns bisher bekannten Mediensystems nach sich ziehen könnte.[226] Hier wird auch innerhalb der Studie angesprochen, was Giesecke schon vermutete: Aus einem historischen Abstand heraus könnte in der Zukunft das Internet als ähnliche Umwälzung der Medienlandschaft betrachtet werden, wie sie auch durch die Erfindung des Buchdruckes hervorgerufen wurde.

Durch eine systemtheoretische Einordnung des Internets ist es aber nicht nur möglich, poltisch-soziale Phänomene in einen übergeordneten Kontext einzuordnen. Hier kann auch ein transdisziplinärer Anschluss zum System des Bestsellers erfolgen. Es ist dadurch möglich, den wachsenden Einfluss des Internets auf die Entstehung von Bestsellern zu beschreiben. Gerade am Beispiel von »Shades of Grey« kann das verdeutlicht werden. Als erfolgreicher Self-Publishing Titel profitierte das Werk von der durch das Internet erzeugten Öffentlichkeit für das Buch. Verlage bedienen sich an diesem internetbasierten Erfolg, um dadurch an dem schon offen zu Tage getretenen Wirtschaftsfaktor des Werkes teilzuhaben. An dieser Stelle kann auch kritisch beleuchtet werden, welchen Einfluss also Self-Publishing Autoren selbst ausüben können, indem sie mittels einer in Anspruch genommene Dienstleistung durch bezahlte Rezensionen selbst über das Internet eine neue, für eine große, nicht näher bestimmte Öffentlichkeit Realität erzeugen.

Diese Übertragung der systemtheoretischen Betrachtung des Internets in das Bestsellersystem zeigt, dass das System durch die Systemtheorie inter- und transdisziplinär anschlussfähig werden kann und jegliche Phänomene, die in einem Zusammenhang mit der Entstehung von Bestsellern stehen können, in sich aufzunehmen vermag. Darin kann ein Mehrwert der Systemtheorie gesehen werden, ohne dass an dieser Stelle nachprüfbare und tiefer in die einzelnen Phänomene eingehende Erkenntnisse gewonnen werden.

225 Vgl. ebd., S. 237. Zitiert nach: Kluba, Markus: Massenmedien und Internet. Eine systemtheoretische Perspektive.
226 Vgl. ebd., S. 240.

## 4.3 Die empirische Bestsellerforschung

### 4.3.1 Empirische Erfolgsanalyse

Die empirische Analyse von Bestsellern wird von der Wirtschaftswissenschaft durch das Interesse an dem Wirtschaftsfaktor Buch vorangetrieben.[227] Ziel ist es, »(kommerziell) relevante Erfolgsfaktoren für Bücher«[228] zu entwickeln. Dabei werden sowohl äußere Faktoren, also die Nutzbarmachung sozialer Einflussfaktoren, wie auch der Text als solcher zum Gegenstand der empirischen Forschung.

Als neuster Beitrag zu textlichen empirischen Forschung kann die Analyse von Ashok, Feng und Choi betrachtet werden, die mittels einer datenbasierten Analyse von Bestsellern für spezielle Genre erfolgsgarantierende Formulierungen und Satzkonstruktionen ermittelt haben.[229] Eine kurze Darstellung der von ihnen gewonnen Erkenntnisse zeigt deutlich, an welcher Stelle innerhalb eines Systems Bestseller die Empirie ansetzen und einen Erkenntnisgewinn in Bezug auf die textliche Komponente darstellen könnte, welche zwar in gewisser Weise einen Gegenstandsbereich der Literaturwissenschaft darstellt, aber im Gesamtzusammenhang auch für die Buchwissenschaft relevant ist.

Als empirische Grundlage diente das Projekt Gutenberg mit einer Datenbasis von ca. 40.000 frei verfügbaren Werken.[230] Dabei wurden acht verschiedene Genres mit der entsprechenden Anzahl von erfolgreichen und weniger erfolgreichen Büchern herangezogen. Der Erfolg wurde dabei anhand der Downloadzahlen ermittelt.[231] Untersucht wurden alle Genres in Bezug auf vier verschiedene verschlüsselte Produktionsregeln: lexikalisierte Produktionsregeln, lexikalisierte Produktionsregeln im Zusammenhang mit den ihnen übergeordneten »grandparent node[s]«[232], unlexikalisierte Produktionsregeln und unlexikalisierte Produktionsregeln mit den ihnen übergeordneten *grandparent nodes*.[233] Daraus ergibt sich, dass zwischen den erfolgreichen und weniger erfolgreichen Büchern ein statistisch messbarer Unterschied bezogen auf die analysierten Sprachmuster besteht. In einer

---

227 Vgl. Keuschnigg: Das Bestseller-Phänomen, S. 393.

228 Ebd., S. 389.

229 An dieser Stelle soll die Arbeit nur kurz eingeführt werden und nicht auf die genaue empirische Vorgehensweise, die genauen empirischen Formeln oder ähnliches eingegangen werden.

230 Vgl. Ashok, Vikas Ganjigunte/Choi, Yejin/Feng, Song: Success with Style. Using Writing Style to Predict the Success of Novels. In: Poetry 580/9 (2013), S. 70–80, hier S. 71.

231 Vgl. ebd.

232 Ebd., S. 72.

233 Vgl. ebd.

weiterführenden Analyse werden genrespezifische Wörter herausgearbeitet, die nach einer Datenanalyse bei erfolgreichen Büchern häufiger verwendet werden und können dadurch als Erfolgsfaktoren betrachtet werden. So wird in erfolgreichen Büchern vor allem mit Verben, die Gedankenprozesse beschreiben – wie zum Beispiel »recognized, remembered«[234] – gearbeitet. Auch konnte auf Grund einer Analyse des Stils von journalistischen Texten – im Jahr 2000 durchgeführt von Douglas und Broussard – nachgewiesen werden, dass erfolgreiche Belletristik in ihrem Stil informativen Artikeln ähneln. Ebenso werden in erfolgreichen Texten viele kausale Subjunktionen verwenden, die zur Konstruktion komplexer Satzstrukturen nötig sind. In Bezug auf die Lesbarkeit (readability) von erfolgreichen Texten konnte auch nachgewiesen werden, dass diese sich gegenläufig verhalten. Dabei ist die ‚readability‘ von erfolgreicheren Büchern höher als die von weniger erfolgreichen, aber dass ‚readability‘ auch an einer hohen Prozentrate von einfachen Satzstrukturen festzumachen ist, die wiederum, wie bereits angedeutet, in erfolgreichen Büchern eher weniger zu finden ist.[235]

Insgesamt lässt die Arbeit von Ashok, Choi und Feng darauf schließen, dass kommerziell erfolgreiche Bücher in Bezug auf ihre Textstruktur ähnlich aufgebaut sind. Zwar beziehen sie sich nur auf englischsprachige Literatur, aber dennoch wird deutlich, dass eine solche Analyse prinzipiell in der Lage wäre, nur auf Grund der linguistischen Textmerkmale potentielle Bestseller zu identifizieren. An dieser Stelle könnte auch weitergehend auf die Analyse von Bestsellerlisten eingegangen werden, wonach empirisch untersucht wird, welche Figurenkonstellation Bestseller aufweisen und dadurch musterhafte Anleitungen für Bestseller liefern.[236]

Diese Auswertungen scheinen Bestsellern ein allgemeines Muster zu unterstellen, wonach jeder danach aufgebaute Text zum Bestseller werden könnte. Es werden also kategorisch alle sozialen Einflussfaktoren durch diese Herangehensweise ausgeschlossen. Wie aber im Folgenden aufgezeigt wird, ist die Empirie auch in der Lage, soziale Einflussfaktoren in Bezug auf Bestseller einschätzbar und errechenbar zu machen.

234 Ebd., S. 74.
235 Vgl. ebd., S. 75f.
236 Siehe dazu u.a. die statistische Auswertung der deutschen Bestsellerlisten von 1962–2001 von Karina Liebenstein.

### 4.3.2 Empirische Sozialforschung

Marc Keuschniggs empirische Analyse des Bestseller-Phänomens kann verdeutlichen, welchen Mehrwert die empirische Sozialforschung in der Bestsellerforschung darstellen kann. Keuschnigg führt eine umfassende Analyse des Bestseller-Phänomens durch und schließt dabei die sozialen Einflussfaktoren in seine Betrachtung mit ein. Es gelingt ihm anhand der Übertragung von u. a. sozialer Abhängigkeit des Konsumverhaltens, im übergeordneten Zusammenhang mit sozialem Kapital einer Gesellschaft, Budgetrestriktionen oder der Dynamik von sozialen Nachfragen in der Mathematik, diese Phänomene in einen berechenbaren Kontext zu stellen.[237] Unter anderem bedient er sich beim Adler-Mechanismus in Bezug auf Bestseller[238] und schafft es dadurch belegbare Antworten auf Hypothesen wie z. B. »Ist ein Autor einer Ersterscheinung bereits aus Gründen bekannt, welche außerhalb des Buchgeschäftes liegen, fällt sein Verkaufserfolg überdurchschnittlich hoch aus«[239] zu liefern. Ebenfalls gelingt ihm eine Erschließung entscheidender Erfolgsfaktoren für Bücher[240], die durch die Systemtheorie zwar in einem übergeordneten Kontext nur erahnt, aber nicht mit solcher Präzision beantwortet werden konnten.

Ebenso verhält es sich mit Keuschniggs Untersuchungen zur »Konformität durch Herdenverhalten«[241]. Hier untersucht Keuschnigg empirisch unter anderem den Einfluss von Rezensionen auf die kritische Käufermasse und geht dabei auch auf Rezensionen bei Amazon ein und bezieht dies auf den Bekanntheits- bzw. Unbekanntheitsgrad des Autors, um dadurch nachzuweisen, ob und in welchem Maße Onlinerezensionen zur Entstehung eines Bestsellers beitragen.[242]

Hier zeigt sich deutlich der Mehrwert der empirischen Sozialforschung nicht nur in Bezug auf das Verständnis der Mechanismen hinter einem Bestseller. Diese Analysen sind in der Lage, Verlagen eine Basis zu liefern, auf welcher sie die Entstehung eines Bestsellers bewusster nachvollziehen und durch effizienteres Marketing entscheidend beeinflussen können. Zielgruppen- und genrespezifische Aussagen können durch die Empirie bestätigt

---

237 Vgl. Keuschnigg: Das Bestseller-Phänomen, S. 98–100.

238 Vgl. ebd., S. 104.

239 Ebd., S. 124.

240 Vgl. ebd., S. 389.

241 Keuschnigg, Marc: Konformität durch Herdenverhalten. Theorie und Empirie zur Entstehung von Bestsellern. In: Kölner Zeitschrift für Soziologie und Sozialpsychologie 64/1 (2012), S. 1–36, hier S. 1.

242 Vgl. ebd., S.26.

werden und darüber hinaus auch entscheidende Beiträge zum Leseverhalten von bestimmten sozialen Gruppen treffen.

Das Gebiet der empirischen Sozialforschung im Bereich der Bestsellerforschung ist hochaktuell und wie gezeigt werden konnte auch für die Buchwissenschaft von entscheidender Relevanz. Allerdings ist hier anzumerken, was Keuschnigg im Fazit seiner Bestsellerbetrachtung bemängelt:

*Deutlich wurde insgesamt [...] die geringe Zahl an jüngeren soziologischen Beiträgen zum Themenbereich sozialer Dynamiken, Folgen kollektiver Handlungen oder ‚Herdenverhalten‘. [...] Es sollte daher zu den Zielen (wirtschafts-) soziologischer Forschung gehören, in diesem Bereich mittels präziser Theoriebildung und empirischer Stichhaltigkeit erneuten Geltungsanspruch zu erheben.*[243]

Es ist also klar, dass die empirische Forschung erst durch den Einbezug in eine übergeordnete (soziologische) Theorie ihr volles Potential entwickeln und nachhaltig einen eventuell auch interdisziplinären Anschluss ermöglichen kann. An dieser Stelle – und nur hier – könnte eine Einordnung des Bestsellers in das Universum der Systemtheorie für einen wissenschaftlichen Mehrwert ansetzten. Wie auch durch den Ansatz der textbasierten Erfolgsanalyse gezeigt werden konnte, stehen einem übergeordneten System Bestseller viele Forschungsansätze und -ergebnisse zur Verfügung. Hier ist auch an die empirische Literaturwissenschaft in Bezug auf ein daraus entstehendes System des Literaturbetriebs zu denken.[244]

Allerdings könnte an dieser Stelle auch Bourdieus Feld- und Kapitaltheorie ansetzen. In der aktuellen buchwissenschaftlichen Bestsellerforschung wird diese besonders in Betracht bezogen, was sich auch dadurch ausdrückt, dass sie in dem Jahrbuch der Internationalen Buchgesellschaft Kodex von 2012, welches sich diesem Thema widmet, in beinahe allen Beträgen zur aktuellen Bestsellerforschung thematisiert wird. An dieser Stelle müsste also eine tiefer gehende Forschung in Bezug auf die Feld- und Kapitaltheorie von Bourdieu im Vergleich mit der Systemtheorie angeschlossen werden.

243 Keuschnigg: Das Bestseller-Phänomen, S. 393.
244 Vgl. Barsch, Achim: Komponenten des Literatursystems. Zur Frage des Gegenstandsbereichs der Literaturwissenschaft. In: Systemtheorie der Literatur. Hrsg. von Jürgen Fohrmann und Harro Müller (Uni-Taschenbücher 1929). München: Wilhelm Fink Verlag 1996, S. 134–158, hier S. 147.

# 5 FAZIT UND AUSBLICK

Der Überblick über die Diskussion rund um die Systemtheorie innerhalb der Buchwissenschaft zeigt deutlich, dass die Systemtheorie bei buchwissenschaftlichen Fragestellungen durchaus angewandt und rezipiert wird. Es zeigt sich aber auch, dass die Möglichkeiten, die sich durch eine systemtheoretische Betrachtung für die Buchwissenschaft bieten können, noch nicht vollständig erfasst worden sind.

Grundsätzlich verfügt die Systemtheorie über eine relativ hohe Zugangsschwelle. Zum einen liegt es an der Konzeption der Theorie an sich, da sie sich selbst in dem Sinne als Theorie versteht, die komplexer sein muss als die Umwelt, die sie beschreibt, um dadurch die Komplexität der Welt abbilden zu können. Dementsprechend ist der Einstieg in das lexikalische Universum der Systemtheorie durch die Einführungsliteratur nicht einfach. Zum anderen ist es durch den Pluralismus an Ansätzen beinahe unmöglich einen schnellen Überblick über die wichtigsten systemtheoretischen Strömungen zu erhalten, ohne sich ausführlicher mit jedem Ansatz auseinander setzen zu müssen. Im Vergleich mit anderen in der Buchwissenschaft rezipierten Ansätzen wie z. B. die Feld- und Kapitaltheorie von Bourdieu oder die paratextuelle Forschung von Genette benötigt die Systemtheorie eine längere Einführung als 90 Minuten innerhalb einer Einführungsveranstaltung im ersten Semester.[245]

245 Hier kann auf Seminarpläne des Instituts für Buchwissenschaft verwiesen werden. Die Übung »Theorien und Methoden der Buchwissenschaft« soll den Studierenden einen Überblick über relevante Theorien und Methoden der Buchwissenschaft bieten. An dieser Stelle könnte gemutmaßt werden, dass das Ausbleiben von aktuellen Beiträgen zur systemtheoretischen Forschung auch damit zusammenhängt, dass es der Buch-wissenschaft durch den Modulplan im Bachelor-Studiengang erschwert wird, den Studierenden einen ausführlicheren Zugang zur Systemtheorie zu ermöglichen. Ein Beweis dieser These müsste allerdings anhand einer vergleichenden Studie aller buchwissenschaftlichen Institute innerhalb Deutschlands erfolgen, weshalb an dieser Stelle nur darüber Vermutungen angestellt werden können.

Dennoch zeigen vor allem die Ansätze von Jäger und Kuhn, dass die Systemtheorie über einen hohen Abstraktionsgrad verfügt, wenn sie entsprechend angewandt wird. Die Übertragung von allgemein angenommenen Phänomenen in die Systemtheorie bietet den Vorteil, dass Beziehungen und Verbindungen zwischen Forschungsobjekten und -gebieten aufgezeigt werden und in einer angeschlossenen Analyse genauer betrachtet und ausdifferenziert werden können. Das wird auch an der Übertragung des Bestsellers in ein komplexes System deutlich, da dadurch alle relevanten Faktoren zur Entstehung eines Bestsellers in einem übergeordneten Zusammenhang betrachtet und analysiert werden können.

Ebenso konnte durch den Anschluss der systemtheoretischen Betrachtung des Internets aufgezeigt werden, dass eine Übertragung in die Systemtheorie eine interdisziplinäre Anschlussmöglichkeit für viele andere Forschungsgebiete bieten kann. Phänomene, die durch empirische Untersuchungen in anderen Disziplinen erforscht und in das übergeordnete Gebilde der Systemtheorie übertragen werden, können an anderer Stelle Einzug in eine systemtheoretische Betrachtung eines anderen Phänomens erhalten. In diesem Sinne dient die Systemtheorie also als Katalysator für eine interdisziplinäre Forschung. Dennoch konnte am Beispiel der empirischen Forschung auch gezeigt werden, wozu die Systemtheorie nicht in der Lage ist. Während die Empirie belastbare Ergebnisse zu einem Sachverhalt liefern kann und somit nach einem Bottom-up Ansatz verfährt, können solche Ergebnisse durch eine Anwendung der Systemtheorie nicht erreicht werden, da diese mit dem entgegensetzten Top-down Ansatz arbeitet. Die Systemtheorie ist aber in dem Sinne anschlussfähig an solche belastbaren Ergebnisse, indem die gewonnenen Erkenntnisse in einen übergeordneten Zusammenhang übertragen werden können. In Bezug auf die Bestellerforschung ist anzumerken, dass in diesem Forschungsgebiet weniger mit der Systemtheorie als vielmehr mit der Feld- und Kapitaltheorie von Bourdieu gearbeitet wird. Dementsprechend könnte als angeschlossene Forschung an diese Arbeit ein Vergleich der Ergebnisse nach der Theorie von Bourdieu und den Erkenntnissen aus einer systemtheoretischen Betrachtung interessant sein und dadurch genauer aufzeigen, welche sozilogische Theorie eher in der Lage ist, den gesamtgesellschaftlichen Kontext für Bestseller darzulegen, wie es Keuschnigg in seiner Betrachtung der Bestseller fordert.

Migońs Bestreben die Buchwissenschaft als Gesamtsystem einer Wissenschaft abzubilden, muss allerdings als gescheitert betrachtet werden.

Saxers Übertragung der Buchwissenschaft in ein Wissenschaftssystem zeigt das deutlich. Denn weniger zeigt er auf, inwiefern einzelne Forschungsgebiete der Buchwissenschaft in einen systemtheoretischen Gesamtzusammenhang gebracht werden können, als dass er viel mehr die interdisziplinäre Anschlussfähigkeit der Systemtheorie für sich nutzt, um zu zeigen, an welchen Stellen die Buchwissenschaft anschlussfähig für die Medienwissenschaft werden könnte.

Die Systemtheorie hinterlässt aber auch immer wieder offene Fragen. Am deutlichsten äußert sich das bei Jäger/Ort, die in ihrem Diskussionsbeitrag mehr Fragen aufwerfen, als sie beantworten können. Während andere Disziplinen wie die Literaturwissenschaft oder die Kinder- und Jugendbuchforschung neben anderen Theorien die Systemtheorie für ihre Zwecke benutzt, wird in der Buchwissenschaft noch über die Frage nach eben diesen Zwecken diskutiert, obwohl die in dieser Arbeit aufgeführten Beiträge zeigen, dass eben dieser Zweck bereits bewiesen ist. Die Anwendung der Systemtheorie wird aber immer wieder nur in Bezug auf die Frage, ob sie einen Mehrzweck bieten kann, betrachtet, als dass sich an die durch die systemtheoretische Betrachtung auftretenden Forschungsfragen weitere wissenschaftliche Ansätze anschließen.

Denn – und das zeigt die vorgelegte Arbeit eindeutig – die Systemtheorie ist als sozialwissenschaftliche Universaltheorie in der Lage, buchwissenschaftliche Forschungsgegenstände in einen gesamtgesellschaftlichen Kontext zu rücken, aber eben auch nicht mehr. Die Buchwissenschaft kann nicht unter dem Mantel der Systemtheorie arbeiten ohne dabei auf andere Theorien und Herangehensweisen zurückzugreifen, da wie gezeigt werden konnte, die Systemtheorie nur bei einigen aber längst nicht allen Forschungsgebieten der Buchwissenschaft durch ihren Abstraktionsgrad einen wissenschaftlichen Mehrwert liefern kann. Trotz der teilweise pessimistischen Perspektive, die der Systemtheorie hier für die Buchwissenschaft eröffnet wird, ist eine auf systemtheoretischen Grundlagen aufbauende Forschung, zum Beispiel – wie in der Arbeit kurz eingeführt – der Bestsellerentwicklung, besonders interessant und bietet mit Sicherheit ein interessanten Forschungsansatz für weitere buchwissenschaftliche Arbeiten.

# LITERATURVERZEICHNIS

Quellen

*Gedruckte Quellen*

Glück, Helmut: Michael Giesecke. Der Buchdruck in der frühen Neuzeit. Eine historische Fallstudie über die Durchsetzung neuer Informations- und Kommunikationstechnologien. In: Arbitrium 12/2 (1994), S. 167–170.

Knoop, Ulrich: Rezensionen. Michael Giesecke: Der Buchdruck der frühen Neuzeit. Eine historische Fallstudie über die Durchsetzung neuer Informations- und Kommunikationstechnologien. Frankfurt am Main 1991, Suhrkamp. 944 S., 74 Abb. In: Zeitschrift für deutsches Altertum und Literatur 24/4 (1995), S. 463–468.

*Internetquellen*

Haeming, Anne: Sadomaso-Bestseller ‚Shades of Grey'. Was sie über den Bestseller wissen müssen. In: Spiegel Online Kultur vom 05.07.2012. http://www.spiegel.de/kultur/lit eratur/shades-of-grey-was-sie-ueber-den-bestseller-wissen-muessen-a-842489.html [22.06.2015].

Forschungsliteratur

Ashok, Vikas Ganjigunte/Choi, Yejin/Feng, Song: Success with Style. Using Writing Style to Predict the Success of Novels. In: Poetry 580/9 (2013), S. 70–80.

Barsch, Achim: Komponenten des Literatursystems. Zur Frage des Gegenstandsbereichs der Literaturwissenschaft. In: Systemtheorie der Literatur. Hrsg. von Jürgen Fohrmann und Harro Müller (Uni-Taschenbücher 1929). München: Wilhelm Fink Verlag 1996, S. 134–158.

Faulstich, Werner: Bestandsaufnahme Bestseller-Forschung. Ansätze – Methoden – Erträge (Buchwissenschaftliche Beiträge aus dem deutschen Bucharchiv München Bd. 5). Wiesbaden: Harrassowitz Verlag 1983.

Fuchs, Stephan: Handlung ist System. In: Schlüsselwerke der Systemtheorie. Hrsg. von Dirk Baeker. Wiesbaden: VS Verlag für Sozialwissenschaften 2005, S. 51–53.

Füssel, Stephan: Hinführung. Buchwissenschaft zwischen Historischer Kulturwissenschaft und Medienwissenschaft. In: Einführung in die

Buchwissenschaft. Hrsg. von Stephan Füssel und Corinna Norrick-Rühl. Darmstadt: Wissenschaftliche Buchgesellschaft 2014, S. 7–12.

–: Wissenschaftsgeschichte des Faches Buchwissenschaft. In: Einführung in die Buchwissenschaft. Hrsg. von Stephan Füssel und Corinna Norrick-Rühl. Darmstadt: Wissenschaftliche Buchgesellschaft 2014, S. 13–38.

Gaiser, Anne Carolin: Das Potential und Design von Universaltheorien. Diss. phil. Ludwig-Maximilian Universität München 2002.

Giesecke, Michael: Der Buchdruck in der frühen Neuzeit. Eine historische Fallstudie über die Durchsetzung neuer Informations- und Kommunikationstechnologien (Suhrkamp-Taschenbuch Wissenschaft 1357). Frankfurt am Main: Suhrkamp 1998.

Haug, Christine/Kaufmann, Vincent: Vorwort. In: Bestseller und Bestsellerforschung. Hrsg. von Christine Haug und Vincent Kaufmann (Kodex 2). Wiesbaden: Harrassowitz Verlag 2012, S. VII–IX.

Holste, Jens/Horn, Gabriele/Lachenmayer, Jan [u.a.]: Internet-Tsunamis. Politische Massen im digitalen Zeitalter. Eine Studie von xaidialoge und der Europa-Universität Viadrina. (Version 1.2). In: Internet-Tsunamis. Politische Massen im digitalen Zeitalter. http:// www.internet-tsunamis. de/wp-content/uploads/INTERNET-TSUNAMIS__Politische_ Massen_ im_digitalen_Zeitalter__v1.2.pdf [23.06.2015].

Jäger, Georg: Die theoretische Grundlegung in Gieseckes ‚Der Buchdruck der frühen Neuzeit‘. Kritische Überlegungen zum Verhältnis von Systemtheorie. Medientheorie und Technologie. In: Internationales Archiv für Sozialgeschichte der Deutschen Literatur (IASL) 18/1 (1993), S. 179–196.

–: Keine Kulturtheorie ohne Geldtheorie. Grundlegung einer Theorie des Buchverlags. In: Buchkulturen. Beiträge zur Geschichte der Literaturvermittlung. Festschrift für Reinhard Wittmann. Hrsg. von Monika Estermann/Ernst Fischer und Ute Schneider. Wiesbaden: Harrassowitz Verlag 2005, S. 59–78.

–; Ort, Claus-Michael: Beobachtungsleitende Fragen bei der Rekonstruktion des Buchhandels als System bzw. des Verlags als Organisation. Ein Beitrag zur Heuristik. In: IASLonline. Probleme der Geschichtsschreibung des Buchhandels. Stand 09.09.2012. http://www.iasl.uni-muenchen. de/discuss/listoren/Jaeger_Ort_Beobachtungsleitende %20Fragen.pdf. [23.06.2015].

Kaufmann, Vincent: Beitrag zu einer unmöglichen Theorie des Bestsellers. In: Bestseller und Bestsellerforschung. Hrsg. von Christine Haug und Vincent Kaufmann (Kodex 2). Wiesbaden: Harrassowitz Verlag 2012, S. 23–38.

Keiderling, Thomas: Wie viel Systemtheorie braucht die Buchwissenschaft? In: Buch – Markt – Theorie. Kommunikations- und medienwissenschaftliche Perspektiven. Festschrift für Erdmann Weyrauch. Hrsg. von Thomas Keiderling. Erlangen: filos 2007, S. 252–292.

Keuschnigg, Marc: Das Bestseller-Phänomen. Die Entstehung von Nachfragekonzentration auf dem Buchmarkt (Forschung und Entwicklung der Analytischen Soziologie VS Research). Wiesbaden: Springer VS 2012.

–: Konformität durch Herdenverhalten. Theorie und Empirie zur Entstehung von Bestsellern. In: Kölner Zeitschrift für Soziologie und Sozialpsychologie 64/1 (2012), S. 1–36.

Kuhn, Axel: Überlegungen zu einer systemtheoretischen Perspektive des Kulturbegriffs in der Verlagshistoriographie. In: Verlagsgeschichtsschreibung. Modelle und Archivfunde. Hrsg. von Corinna Norrick und Ute Schneider. Wiesbaden: Harrassowitz Verlag 2012, S. 113–135.

Luhmann, Niklas: Soziale Systeme. Grundriss einer allgemeinen Theorie (Suhrkamp Taschenbuch 666). 15. Aufl. Frankfurt am Main: Suhrkamp 2012.

Migoń, Krzysztof: Das Buch als Gegenstand wissenschaftlicher Forschung. Buchwissenschaft und ihre Problematik (Buchwissenschaftliche Beiträge aus dem Deutschen Bucharchiv München 32). Wiesbaden: Harrassowitz Verlag 1990.

Norrick-Rühl, Corinna: Traditionelle Arbeitsfelder der Buchwissenschaft. In: Einführung in die Buchwissenschaft. Hrsg. von Stephan Füssel und Corinna Norrick-Rühl. Darmstadt: Wissenschaftliche Buchgesellschaft 2014, S. 46–78.

Parsons, Talcott: Zur Theorie der sozialen Interaktionsmedien. Hrsg. und eingeleitet von Stefan Jensen (Studienbücher zur Sozialwissenschaft Bd. 39). Opladen: Westdeutscher Verlag 1980.

Rautenberg, Ursula: Buchwissenschaft in Deutschland. Einführung und kritische Auseinandersetzung. In: Buchwissenschaft in Deutschland. Theorie und Forschung (Bd. 1). Hrsg. von Ursula Rautenberg. Berlin/ New York: De Gruyter Saur 2010, S. 3–64.

Saxer, Ulrich: Das Buch in der Medienkonkurrenz. In: Lesen und Leben. Eine Publikation des Börsenvereins des Deutschen Buchhandels in Frankfurt am Main zum 150. Jahrestag der Gründung des Börsenvereins der Deutschen Buchhändler am 30. April 1825 in Leipzig. Hrsg. von Herbert G. Göpfert/Ruth Meyer/Ludwig Muth und Walter Rüegg. Frankfurt am Main: Buchhändler-Vereinigung 1975, S. 206–243.

–: Buchwissenschaft als Medienwissenschaft. In: Buchwissenschaft in Deutschland. Theorie und Forschung (Bd. 1). Hrsg. von Ursula Rautenberg. Berlin/New York: De Gryter Saur 2010, S. 65–104.

Sutherland, John: Bestsellers. A Very Short Introduction (Very Short Introductions 170). Oxford: Oxford University Press 2007.

Tomkowiak, Ingrid: Schwerpunkte und Perspektiven der Bestsellerforschung. In: Schweizerisches Archiv für Volkskunde 99 (2003), S. 49–64.

Willke, Helmut: Komplexität als Formprinzip. In: Schlüsselwerke der Systemtheorie. Hrsg. von Dirk Baeker. Wiesbaden: VS Verlag für Sozialwissenschaften 2005, S. 303–323.

–: Systemtheorie. 2. Interventionstheorie. Grundzüge einer Theorie der Interventionen in komplexe Systeme (UTB 1800). 4. bearb. Aufl. Stuttgart: Lucius & Lucius 2005.

–: Systemtheorie. 1. Grundlagen. Eine Einführung in die Grundprobleme der Theorie sozialer Systeme (UTB 1161). 7. überarb. Aufl. Stuttgart: Lucius & Lucius 2006.

## GLOSSAR

### Alter-Ego Prinzip

Dient dazu, die Undurchsichtigkeit eines anderen Systems während eines Kommunikationsprozesses zu entschärfen. Dabei soll offengehalten werden, ob es sich um psychische oder um soziale Systeme handelt. Ebenso sollen sie auch offen halten, ob diese Systeme einem bestimmtem Prozessieren von Sinn zustimmen oder nicht. Dabei unterscheidet sich das Ego eines psychischen Systems von einem alter Ego, das durch das Ego beobachtet wird. Dadurch wird das Alter für das Ego berechenbar, sodass das Ego Erwartungen an die Kommunikation und Handlung des Alters stellen kann.

### Autopoiesis

Ursprünglich biologische Kategorie zur Definition der selbstproduzierenden Operationen lebender Systeme. Der Begriff bezeichnet in der Systemtheorie eine Organisation der Operationen eines Systems, durch welche alle Elemente eines Systems durch die selektive Verknüpfung der Elemente eines Systems erzeugt werden. Der Begriff impliziert, dass nur das System selbst seine Elemente erzeugen kann und in der Tiefenstruktur seiner Selbststeuerung von seiner Umwelt unabhängig ist. Strukturell sind autopoietische Systeme immer an eine Kombination aus Selbst- und Fremdreferenz gekoppelt. Luhmann entlehnt diesen Begriff bei Humberto Maturana.

### Beobachtung

Ist die Einheit der Differenz von Unterscheidung und Bezeichnung. Sie ist eine unterscheidende und das Unterschiedene zugleich bezeichnende Operation des Beobachters. Ein System, welches beobachtet, kann nur etwas bezeichnen, wenn es zuvor das Bezeichnete von etwas anderem unterschieden hat. Dies setzt die Fähigkeit von Wahrnehmung voraus. Eine Beobachtung ist immer eine systeminterne Operation. Der Beobachter kann zum Zeitpunkt der Operation sich selbst nicht beobachten.

### Beobachtung erster Ordnung

Bezieht sich auf jeden Beobachter, der Nicht-Beobachter beobachtet. Hierbei geht es um Was-Fragen. Die Beobachtung erster Ordnung operiert auf der Ebene des Faktischen. Hier wird beobachtet.
Beobachtung zweiter Ordnung

Bezieht sich auf alle Beobachter, die einen Beobachter beobachtet. Bei Beobachtung zweiter Ordnung geht es um Wie-Fragen. Hier werden Beobachtungen beobachtet.

## Code

Ist eine binäre Leitdifferenz oder eine bistabile Form zur Erzeugung von binären Unterscheidungen. Codes sind immer zweiwertig und haben einen positiven und einen negativen Wert. Der positive Wert vermittelt Anschlussfähigkeit, der negative Kontingenzreflexion. Der Code bei Luhmann entspricht den Interaktionsmedien bei Parsons.

Nun folgend, die Destinations- und Reflexionswerte wichtiger Funktionssysteme:

Wissenschaft - Wahr/Unwahr

Wirtschaft - Zahlung/Nicht-Zahlung

Eigentum - Haben/nicht-Haben

Recht: Recht/Unrecht

Politik: Macht/Ohnmacht

Religion: Immanenz/Transzendenz

soziale Arbeit: Hilfe/nicht-Hilfe

Psychisches System: Gedanke/nicht-Gedanke

Autopoietisches System: Leben/nicht-Leben

soziales System: Kommunikation/nicht-Kommunikation

## Doppelcodierung

Wird durch Organisationen in einer Interpenetrationszone (Parsons) oder durch strukturelle Koppelung (Luhmann) erzeugt. Dabei leistet die Organisation die Übertragung eines Selektionstransfers eines Mediums aus einem anderen Subsystem in einem Entscheidungsprozess in ein anderes Subsystem und führt somit eine Konvertierung eines Kommunikationsmediums herbei. Konvertieren wird dabei als Verfügung über Einflussmöglichkeiten eines Mediums zur Übertragung auf die Einflussmöglichkeiten eines anderen Mediums verstanden.

## Doppelte Kontingenz

Bezeichnet eine wechselseitige Uneinsehbarkeit von zwei Systemen. In Bezug auf soziale Systeme bedeutet dies, dass psychische Systeme sich gegenseitig nie vollständig erfassen können, sondern immer einer gewissen Unsicherheit gegenüber dem anderen System ausgesetzt sind.

### Elemente

Kleinste Einheiten eines Systems. Als nicht weiter auflösbare Teile werden sie durch das System, in dem sie enthalten sind, selbst bestimmt und sind entsprechend auch nur für dieses System gültig.

### Fremdreferenz

Möglichkeiten eines Systems mit der Umwelt in Kontakt zu treten.

### Gedächtnis

Hat die primäre Funktion die Vergangenheit über eine Differenzierung von Erinnertem und Vergessenem immer in der Gegenwart zu reflektieren und dadurch in der Vergangenheit die Reflexion einer vergangen möglichen Zukunft zu sehen.

### Gesellschaft

Bildet die Umwelt für alle sozialen Systeme und ist im Sinne der Weltgesellschaft zu verstehen. Soziale Systeme definieren sich in ihrer Funktion über die Gesellschaft. Durch eine eigenständige Formierung von Handlungssystemen in zentralen Tätigkeitsbereichen, differenziert sich die Gesellschaft in zahlreiche funktionale Systeme aus.

### Information

Selektion aus unterschiedlichen Sachverhalten.

### Interaktionsmedien

Operieren als Selektionen zwischen Systemen. Sie schützen die beteiligten Systeme vor Täuschung und verkörpern ein Mittel für bestimmte Absichten einer Handlung. Durch diese Medien entstehen normative Regelsysteme, die dadurch Selektionen begünstigen, indem sie zum einen das Medium als Motiv für den Transfer von Selektionen zwischen Alter und Ego verwenden, zum anderen für Ego eine zusätzliche Motivation darstellen. Jedes soziale System verfügt über sein eigenes Medium. Mit Hilfe von Organisationen in Interpenetrationszonen zwischen sozialen Systemen können Medien ineinander konvertiert werden. Parsons geht dabei von ineinander konvertierbaren, zirkulierenden Interaktionsmedien aus. Luhmann bezeichnet diese Interaktionsmedien als Codes.

## Interpenetration

Nach Parsons ein generalisierter Mechanismus der Verstärkung von Systemen, der Subsysteme in einem übergeordneten Gesamtsystem verschränkt. Bei Luhmann wird dies durch den Begriff der strukturellen Koppelung ausgedrückt.

## Intervention

Bildet den Prozess, der mittels geeigneter Instrumente und die empfindlichen und kritischen Parameter und Prozesse eines Systems ausfindig zu machen.

## Institutionen

Haben – nach Parsons – die Aufgabe, als Mittelpunkte sozialer Systeme kulturelle Werte mit den Ausrichtungen und Anforderungen von Persönlichkeitssystemen abzustimmen.

## Handlungssystem

Stellt eine spezifische Perspektivierung von sozialen Systemen dar. Dabei steht eine auf Alter und Ego bezogene Sinnbildung im Mittelpunkt. Diese wird dazu genutzt, um aus dem Ansatzpunkt der Sinnbildung eine Handlung zu gewinnen. Handlungssysteme bestehen aus einem Gefüge arbeitsteiliger Rollen, die durch ihr Zusammenspiel eine institutionalisierte Binnenstruktur bilden. Durch eine gesellschaftliche Funktion werden sie differenziert und zu einem Bestandteil der Gesellschaft.

## Kommunikation

Bildet die Grundlage sozialer Systeme. Im Sinne der Leitdifferenz bestimmt sie, was zur Gesellschaft gehört und was nicht. Sie verfügt dabei über eine Doppelte Kontingenz und kommt nur zustande, wenn alle drei Selektionsleistungen – Information, Mitteilung, Verstehen – ineinander greifen. Da die letzte Selektion immer von einem beteiligten System durchgeführt werden muss, sind immer mindestens zwei Systeme an einer Kommunikation beteiligt. Dadurch ist Kommunikation nur als selbstreferentieller Prozess möglich.

## Komplexität

Bezeichnet den Grad der Vielschichtigkeit, Vernetzung und Folgelastigkeit eines Entscheidungsfeldes. In lebenden Systemen ist Komplexität immer organisiert. Je komplexer ein System ist, desto trennschärfer und unbestimmter sind die integrierenden Rekombinationen möglicher Ereignisse im System.

## Komplexe Systeme

Kennzeichnen sich durch die gleichzeitige Verwirklichung von Einheit und Vielfalt. Zum einen sind die Teile vom Ganzen differenziert, voneinander abhängig und reich an eigenen Kontingenzen, zum anderen lenkt der Zusammenhang das Ganze in bestimmte Bahnen. Dabei weisen sie Merkmale organisierter Komplexität auf. Bei sozialen Systemen kann dies die Bildung von systemeigenen Metaregeln zur Folge haben.

## Kontingenz

Bezieht sich – im Gegensatz zu Komplexität – auf das System in bestimmten Situationen, in welchen das System Handlungsalternativen durch Umweltbedingungen bewertet. Die Kontingenz eines Systems bildet dadurch eine Ungewissheit und mangelnde Erwartungssicherheit für andere Systeme.

## Kulturelle Treuhandsysteme

Vertreten – nach Parsons – die Kultur auf der Ebene von sozialen Systemen. Dabei konstruieren sie Wertmuster, die sich zusammengenommen zu Wertverbindungen zusammenschließen.

## Leitdifferenz

Oberste Differenz zwischen System und Umwelt.

## Mitteilung

Selektion aus verschiedenen Verhaltensmöglichkeiten.

## Operative Geschlossenheit

Gilt für die Gesellschaft in Rückbezug auf die Konstruktion von autopoietischen Systemen. Auf der Ebene der eigenen Operationen gibt es keinen Durchgriff in die Umwelt, und ebenso wenig können Umweltsysteme an den autopoietischen Prozessen eines operativ geschlossenen Systems mitwirken.

Operative Geschlossenheit hat zur Konsequenz, dass das System auf Selbstorganisation angewiesen ist. Die eigenen Strukturen können nur durch eigene Operationen aufgebaut und geändert werden.

## Organisation

Sind soziale Systeme, die aus Entscheidungen bestehen und Entscheidungen wechselseitig miteinander verknüpfen. Dabei operieren sie mit einer rekursiven Verknüpfung von Entscheidungen, wodurch sie zu operational geschlossenen Systemen werden. Durch die Anwendung von Entscheidungen auf andere Entscheidungen, also einer Verknüpfung eines Selektionstransfer eines anderen Mediums aus einem anderen Subsystem in einem Entscheidungsprozess, ist die Organisation in der Lage die Konvertierung eines Kommunikationsmediums vorzunehmen.

## Organisierte Komplexität

Kommt in komplexen Systemen vor. Merkmale organisierter Komplexität sind eine nicht-lineare Vernetzung, eine gewisse Trägheit des Systems in Bezug auf die Veränderung einzelner Parameter im System, aber dennoch das Aufweisen von einigen Druckpunkten – so genannten sensitiven Punkten –, eine kontra-intuitive Zeitdynamik des Systems, die operative Geschlossenheit oder Selbstreferentialität und das Aufweisen von bestimmten Regelsystemen innerhalb des Systems.

## Relation

Kategorie zur Bezeichnung beliebiger Arten von Beziehungen zwischen Elementen eines Systems. Sie können sowohl quantitativ als auch qualitativ zwischen den Elementen bestehen. Die Gesamtheit aller Relationen bildet die Struktur des Systems. Die Anzahl möglicher Relationen zwischen Elementen steigt an, wenn die Anzahl der Elemente, also das System wächst.

## Selbstreferenz

Operationsweise eines Systems, bei welcher die Einheit des Systems die Bedingung der Möglichkeit von Fremdreferenzen abgibt. Das System bezieht sich bei der Operation primär auf seine eigenen Operationen. Das System selbst und die Fortführung seiner operativ geschlossenen Funktionsweise werden zum Maßstab für die Geeignetheit der Operationen des Systems.

**Sinnsysteme**

Können nach Luhmann jederzeit die Differenz von System und Umwelt als sinnhafte Struktur selbstreferentieller Systeme wahrnehmen, darauf zurückgreifen und auf Basis dessen operieren. Sinn dient als Steuerungsmechanismus für hochkomplexe Systeme.

**Soziale Systeme**

Definieren sich in ihrer Funktion über die Gesellschaft, indem sie eine spezifische Funktion (Wirtschaft, Politik, Wissenschaft etc.) ausbilden. Luhmann unterscheidet folgende soziale Systeme:

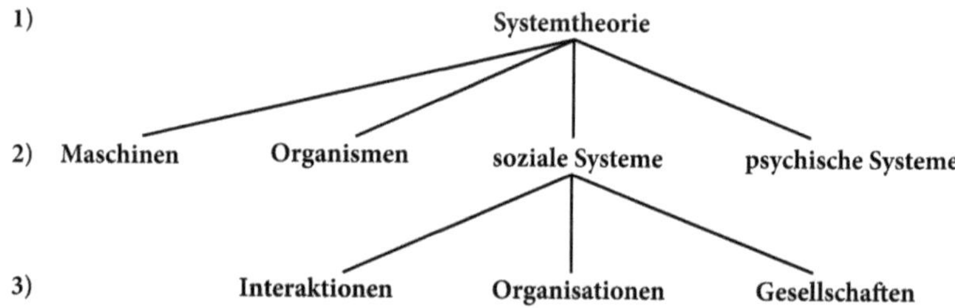


*Abbildung 2: Luhmann: Soziale Systeme, S.16.*

**Sprache**

Bildet das auf Zeichen basierende Medium, auf das sich die Kommunikation beruft. Dabei sind Zeichen Strukturen für wiederholbare Operationen und erleichtern dadurch Kommunikation, da über diese Systeme über diese Symbole verfügen können.

**System**

Gesamtheit von Merkmalen deren Entfallen den Charakter eines Gegenstandes als System in Frage stellen würde. Ein System definiert sich immer durch eine Negativdefinition. Alles ist System, was nicht zur Umwelt gehört.

**System der Massenmedien**

Stellt nach Luhmann ein operativ-geschlossenes, autopoietisches System dar, dessen primäre Funktion darin liegt über den Code Information/Nichtinformation eine Realität zu erzeugen. Zum einen bezeichnet diese Realität der

Massenmedien ihre technische Vorgehensweise. Schrift, Funk, Fernsehbild, also alles, was die durch sie verbreitete und in ihrem System als durchlaufende Kommunikation verstanden werden kann. Zum anderen erzeugen sie Realität für sich und andere. Im Gegensatz zur technischen Operation steht hier die Beobachtung im Fokus, die Frage, wie die Massenmedien die Welt beobachten? Das System der Massenmedien, umfasst alle Einrichtungen der Gesellschaft, die sich zur Verbreitung der Kommunikation technischer Mittel bedienen. Vor allem meint Luhmann hier Bücher, Zeitschriften, Zeitungen, aber auch photographische oder elektronische Kopierverfahren jeder Art, sofern sie Produkte in großer Zahl mit noch unbestimmten Adressaten erzeugen. Es konstituiert selber nur ein Medium, das Formenbildungen ermöglicht, die dann, anders als das Medium selbst, die kommunikativen Operationen bilden, die die Ausdifferenzierung und die operative Schließung des Systems ermöglichen. Entscheidend ist in diesem Fall jedoch, dass, aufgrund der Beschaffenheit dieser Technologien, keine Interaktion unter Anwesenden zwischen Sendern und Empfängern stattfinden kann. Das System der Massenmedien arbeitet mit Selbst- und Fremdreferenz. Sie entscheiden über eine Operation, welche Informationen von anderen Systemen Informationen/Nichtinformationen darstellen und welche Informationen bereits mitgeteilt wurden und dadurch nicht mehr mitzuteilen – also Nichtinformation – sind. Durch die Entscheidung Information/Nichtinformation wird das, was die Medien als Realität präsentieren, nichts anderes als ein Erzeugnis ihrer selbst, bei dessen Schaffung sie nicht auf ihre Umwelt angewiesen sind.

**System der Wissenschaft**
Arbeitet mit dem Code Wahrheit und differenziert sich darüber als System aus. Bis in ihre letzten Grundlagen hinein ist die Wissenschaft das Resultat ihrer eigenen Operationen, und sie hat heute mit der Abstraktion ihres Code diejenige Sicherheit erreicht, die sie nicht verletzen kann, ohne sich selbst in Frage zu stellen. Alles, was sie kommuniziert, ist entweder wahr oder unwahr, was immer sich im System bewegt. Es geht ihr weder um die Differenz von Recht und Unrecht noch um die Differenz von Regierung und Opposition. Ihre Grenze ist ihr eigener Code und alle Entscheidungen werden auf die Unterscheidung von wahr und unwahr bezogen. Gerade dadurch, dass die Wissenschaft durch ihren Code auf keine spezifischen Ansichten festgelegt ist, stellt sie das entscheidende Kriterium für ihre evolutionäre

Unwahrscheinlichkeit dar. Gerade die Weltoffenheit des Prinzips, das sich gleichwohl von anderen Codierungen markant unterscheidet, zeichnet ihre Identität aus.

## Wertmuster

Gesamtheit der Problemlösungen, die als Output der kulturellen Treuhandsysteme entstehen. Die Gesamtheit der Wertmuster wird wiederum als Wertverbindung definiert.

## Wertverbindung

Gesamtheit aller Wertmuster.

## Umwelt

Erhält ihre Einheit erst durch das System und nur relativ zum System und ist durch offene Horizonte, nicht jedoch durch überschreitbare Grenzen umgrenzt. Sie ist für jedes System eine andere, da jedes System nur sich selbst aus seiner Umwelt ausnimmt. Entsprechend gibt es keine Selbstreflexionen und erst recht keine Handlungsfähigkeit der Umwelt.

## Verstehen

ermöglicht als letzter Selektionsprozess der Kommunikation durch einen selbstreferentiellen Schluss einen Anschluss eines weiteren Kommunikationsaktes. Dabei bildet es einen unerlässlichen Moment für das Zustandekommen von Kommunikation.